쉽게 배우는

관광실무 일본어

박주옥 · 정찬종 공저

기문사
www.kimoonsa.co.kr

머|리|말

이 책은 책의 타이틀처럼 쉽게 배우는 관광실무일본어로 관광에 필요한 기본적인 회화를 바탕으로 일본어의 고급표현을 익힐 수 있도록 구성하였다. 일본어기초과정을 마친 관광전공자의 실무교육을 위한 교재로 활용할 수 있도록 꾸몄다.

나라마다 핵심적인 교육과제로 관심을 끌고 있는 것 중의 하나는 외국어교육이다. 외국어를 익히는 가장 좋은 방법은 우선, 그 나라의 문화와 역사를 이해하는 것이다. 언어에는 한 나라의 정치, 사회, 경제, 문화 등은 물론, 국민성까지도 고스란히 스며있기 때문이다.

우리나라를 찾는 외국인 관광객 가운데 일본인관광객이 절반을 차지하는 현실을 생각하면 일본인의 문화나 국민성에 대해 관심을 가지지 않을 수 없다. 상당한 수준의 일본어를 구사한다 하더라도 고급회화를 하다보면 이해하기 힘들거나 표현방법이 애매해서 곤란한 경우를 겪을 때가 많을 것이다. 일본과 일본인에 대한 이해가 부족했기 때문으로 생각된다.

한국과 일본이 "가깝고도 먼 나라"가 아닌 진정한 의미에서 '가깝고도 가까운 나라'로서 서로 신뢰할 수 있는 파트너관계를 유지하기 위해서는 관광일선에서 일하는 실무자들이 그 역할을 담당할 수 있을 것으로 본다. 그런 의미에서 이 책에서는 JAPAN INFO란을 마련해 좀 더 깊이 일본을 알 수 있도록 했다.

아무튼, 이 책을 통해 탄탄하고 실속 있는 일본어학습이 이루어지길 바라며, 여러모로 부족한 저서임에도 불구하고 흔쾌히 출간을 허락해 주신 기문사의 한인환 사장을 비롯하여 편집부 직원들의 호의에 깊은 감사를 드린다.

2009년 봄

공저자 드림

|차례|

부록

문자와 발음

일본어의 문자는 히라가나(ひらがな)와 가타카나(カタカナ), 한자(漢字)를 혼용하여 사용한다. ひらがな와 カタカナ를 「가나(仮名) 오십음도(五十音図)」라고 하고, 일본어는 이 가나(仮名)로 모든 글자를 표기할 수 있다. 현재까지 사용되는 자수는 46자이다.

ひらがな　カタカナ

	あ/カ단	い/イ단	う/ウ단	え/エ단	お/オ단
あ/ア 행	あ아 a ア	い 이 I イ	う우 u ウ	え에 e エ	お오 o オ
か/カ 행	か카 ka カ	き키 ki キ	く쿠 ku ク	け케 ke ケ	こ코 ko コ
さ/サ 행	さ사 sa サ	し시 shi シ	す스 su ス	せ세 se セ	そ소 so ソ
た/タ 행	た타 ta タ	ち찌 chi チ	つ츠 tsu ツ	て테 te テ	と토 to ト
な/ナ 행	な나 na ナ	に니 ni ニ	ぬ누 nu ヌ	ね네 ne ネ	の노 no ノ
は/ハ 행	は하 ha ハ	ひ히 hi ヒ	ふ후 hu フ	へ헤 he ヘ	ほ호 ho ホ
ま/マ 행	ま마 ma マ	み미 mi ミ	む무 mu ム	め메 me メ	も모 mo モ
や/ヤ 행	や야 ya ヤ		ゆ유 u ユ		よ요 yo ヨ
ら/ラ 행	ら라 ra ラ	り리 ri リ	る루 ru ル	れ레 re レ	ろ로 ro ロ
わ/ワ 행	わ와 wa ワ				を오 wo ヲ
					ん응 n ン

■ 일본어의 문자

1. 히라가나 : 거의 모든 경우에 쓰이며, 9세기 무렵 뜻글인 한자를 대신해 만든 소리글로 한자의 초서체를 간략하게 고안하여 만든 글자이다.

   :: 安→あ / 以→い / 世→せ

2. 가타가나 : 문자가 없었던 시절, 불교가 전래되면서 승려들이 한자로 된 불경(仏経)을 읽기 위해 한자에 일본식 음을 달아 보조적으로 사용했던 기호를 문자로 발전시킨 것이다. 한자의 변이나 방의 어느 한편을 남겨서 만들어진 글자이다. 현재는 외래어, 외국의 인명이나 지명, 의성어나 의태어, 강조(간판·광고)문구 등에 주로 사용한다.

   :: 多→タ / 伊→イ / 久→ク

3. 한자 : 현재 한자는 1981년 내각고시에 의해 상용한자(常用漢字) 1,945자를 지정해 사용하고 있다. 한자는 소리글인 가나를 보완하는 뜻글자로 중요한 역할을 한다. 우리나라와는 달리 신자체(新字体)를 사용하며 일본에서 만든 국자(国字)도 있다. 한자를 읽는 방법은 음으로 읽는 「음독(音読)」과 뜻으로 읽는 「훈독(訓読)」이 있다.

   :: 신자체 : 學→学 / 國→国 / 樂→楽

   국자(일본 한자) : 峠(とうげ) [touge] 고개 畑(はたけ) [hatake] 밭

   음독 : 富士山(ふじさん) [huzisan]

   훈독 : 山(やま) [yama]

   음독+훈독 : 重箱(じゅうばこ) [zyu+bako] 찬합

   훈독+음독 : 湯桶(ゆとう) [yu+tou] 나무 주전자(다도용)

■ 일본어의 발음

1. 모음(母音(ぼいん))

あ 아 a ア	い 이 I イ	う 우 u ウ	え 에 e エ	お 오 o ア

2. 청음(清音(せいおん)) : 맑은 소리

か 카 ka カ	き 키 ki キ	く 쿠 ku ク	け 케 ke ケ	こ 코 ko コ
さ 사 sa サ	し 시 shi シ	す 스 su ス	せ 세 se セ	そ 소 so ソ
た 타 ta タ	ち 찌 chi チ	つ 츠 tsu ツ	て 테 te テ	と 토 to ト
な 나 na ナ	に 니 ni ニ	ぬ 누 nu ヌ	ね 네 ne ネ	の 노 no ノ
は 하 ha ハ	ひ 히 hi ヒ	ふ 후 hu フ	へ 헤 he ヘ	ほ 호 ho ホ
ま 마 ma マ	み 미 mi ミ	む 무 mu ム	め 메 me メ	も 모 mo モ
ら 라 ra ラ	り 리 ri リ	る 루 ru ル	れ 레 re レ	ろ 로 ro ロ

주의 「か행/た행」은 한글 「ㅋ/ㄲ」 「ㅌ/ㄸ」의 중간음에 해당하는데, 한글에는 중간음에 해당하는 발음표기가 없기 때문에 편의상 아래와 같이 발음한다.

- か행 : 첫음절 「ㄱ」 / 2음절 이하 「ㅋ」/끝에 「ㄲ」에 가깝게 발음한다.
  ☞ かさ(가사) / せかい(세카이)
- た행 : 첫음절 「ㄷ」/2음절 이하 「ㅌ」/끝에 「ㄸ」에 가깝게 발음한다.
  ☞ ともだち(도모다찌) / おともだち(오토모다찌)

3. 반모음(半母音)

はんぼいん

や 야 ya ヤ	ゆ 유 u ユ	よ 요 yo ヨ
わ 와 wa ワ	を 오 wo ヲ	

4. 탁음(濁音) : 여린 소리

だくおん

が 가 ga ガ	ぎ 기 gi ギ	ぐ 구 gu グ	げ 게 ge ゲ	ご 고 go ゴ
ざ 자 za ザ	じ 지 zi ジ	ず 즈 zu ズ	ぜ 제 ze ゼ	ぞ 조 zo ゾ
だ 다 da ダ	ぢ 지 di ヂ	づ 즈 zu ヅ	で 데 de デ	ど 도 do ド
ば 바 ba バ	び 비 bi ビ	ぶ 부 bu ブ	べ 베 be ベ	ぼ 보 bo ボ

탁음(濁音)은 성대의 진동을 수반하는 소리로 「**か행, さ행, た행, は행**」 글자의 오른쪽 위에 **탁점** 「 ゛ 」을 찍어 표기한다. 청음과는 달리 탁한 소리로 콧소리에 가깝다.

:: がか(가카 : 화가) / みかづき(미카즈키 : 초승달)

5. 반탁음(半濁音) : 센 소리

ぱ 빠 pa パ	ぴ 삐 pi ピ	ぷ 뿌 pu プ	ぺ 뻬 pe ペ	ぽ 뽀 po ポ

반탁음(半濁音)은 성대의 진동을 수반하지 않는 소리로 「**は행**」의 오른쪽 위에 **반탁점** 「 ° 」을 찍어 표기하는데 주로 외래어 표기에 많이 쓰인다.

:: ぴかぴか(**피**카**삐**카 : 반짝반짝)

주의 첫음절 「ㅍ」 / 2음절 이하 「ㅃ」에 가깝게 발음한다.

6. 요음(拗音) : 꺾인 소리

きゃ 캬 kya キャ	しゃ 샤 sya シャ	ちゃ 챠 tya チャ	にゃ 냐 nya ニャ	ひゃ 햐 hya ヒャ	みゃ 먀 mya ミャ	りゃ 랴 rya リャ
きゅ 큐 kyu キュ	しゅ 슈 syu シュ	ちゅ 츄 tyu チュ	にゅ 뉴 nyu ニュ	ひゅ 휴 hyu ヒュ	みゅ 뮤 myu ミュ	りゅ 류 ryu リュ
きょ 쿄 kyo キョ	しょ 쇼 syo ショ	ちょ 쵸 tyo チョ	にょ 뇨 nyo ニョ	ひょ 효 hyo ヒョ	みょ 묘 myo ミョ	りょ 료 ryo リョ

ぎゃ 갸 gya ギャ	じゃ 쟈 zya ジャ	びゃ 뱌 bya ビャ	ぴゃ 뺘 pya ピャ
ぎゅ 규 gyu ギュ	じゅ 쥬 zyu ジュ	びゅ 뷰 byu ビュ	ぴゅ 쀼 pyu ピュ
ぎょ 교 gyo ギョ	じょ 죠 zyo ジョ	びょ 뵤 byo ビョ	ぴょ 뾰 pyo ピョ

요음(拗音)은 성대에서 굴곡이 일어나는 소리로 「い段」 오른쪽 아래에 반모음 「や, ゆ, よ」를 작게 써서 표기하는데 한 음절로 발음한다.

:: おもちゃ (오모**챠** : 장난감) / おもちや (오모**찌야** : 떡집)
びょういん (**뵤**-잉 : 병원) / びよういん(**비요**-잉 : 미장원)

7. 촉음(促音) : 「つ」

촉음(促音)은 우리말의 받침과 같은 역할을 하는데 「つ」 자를 오른쪽 아래에 작게 써서 표기한다. 발음은 뒤에 나오는 자음의 영향을 받으며 우리말과는 달리 한 박으로 발음해야 한다. 뒤에 오는 글자에 따라 /k/音 /s/音 /t/音 /p/音으로 발음한다.

		발음	예
「つ」	+	か행=(ㄱ)	がっこう (각꼬-)
		さ행=(ㅅ)	ざっし (잣시)
		た행=(ㄷ)	あさって (아산때)
		ぱ행=(ㅂ)	きっぷ (깁뿌)

8. 발음(撥音) : 「ん」

발음(撥音)이란 「ん」 발음을 말하는데 우리말의 받침과 같은 역할을 하는 것으로 촉음처럼 뒷 글자에 따라 소리가 변한다. 뒤에 오는 글자에 따라 /n/音 /m/音 /ŋ/音 /n+ŋ/音으로 발음한다.

		발음	예
「ん」	+	か/が행=(ㅇ)	おんがく (옹가쿠)
		だ/さ/ざ/た/な/ら행=(ㄴ)	せんせい (센세이)
		ま/ば/ぱ/행=(ㅁ)	さんぽ (삼뽀)
		N=콧소리(ㄴ과 ㅇ의 중간 발음)	
		「ん」으로 끝나는 경우	ほん (홍)
		「ん+모음」의 경우	でんわ (뎅와)
		「ん+は행」의 경우	まんねんひつ (만넹히쯔)

9. 장음(長音(ちょうおん)) : 긴 소리

장음(長音(ちょうおん))은 한 음절의 소리를 길게 두 음절 분으로 발음하는 것을 말한다. 일본어는 각 단의 모음이 연이어 나오는 경우는 장음으로 발음한다. 외래어의 장음 「—」로 표기한다.

[규칙] : 장음의 有無에 따라 뜻이 달라지므로 주의!!

- 「あ단의 장음」→あ단 +あ

  おばあさん (오바–상 : 할머니) / おばさん (오바상 : 아줌마)

- 「い단의 장음」→い단 +い

  おじいさん (오지–상 : 할아버지) / おじさん (오지상 : 아저씨)

- 「う단의 장음」→う단 +う

  くうき (쿠–키 : 공기) / くき (쿠키 : 줄기)

- 「え단의 장음」→え단 +え/い

  おねえさん (오네–상 : 언니/누나) / えいが (에–가 : 영화)

- 「お단의 장음」→お단 +お/う

  おおきい (오–끼이 : 크다) / おとうさん (오또–상 : 아버지)

10. 외래어표기에 쓰이는 특수한 カタカナ

히라가나 표기에는 존재하지 않으며 가타가나에 의한 외래어표기에서만 사용한다.

			イェ 예	
ヴァ 봐	ウィ 위 / ヴィ 뷔	ヴュ 뷰	ウェ 웨 / ヴェ 붸	ウォ 워 / ヴォ 보
クァ 콰 / グァ 과	クィ 퀴		クェ 퀘	クォ 쿼
			シェ 셰 / ジェ 제	
			チェ 체	
ツァ 촤	ツィ 취		ツェ 췌	ツォ 쵸
	ティ 티 / ディ 디	デュ 듀		
		トゥ 투 / ドゥ 두		
ファ 파	フィ 피	フュ 퓨	フェ 페 / ヒェ 훼	フォ 포

:: **대표적인 예**

ウィスキー/ウイスキー　whisky 위스키
ウィルス/ウイルス　Virus 바이러스
ウェブマスター　webmaster 웹마스터
ウェイター/ウェイトレス　waiter/waitress 웨이터/웨이트리스
ウォン　won 원
クィーン　queen 여왕
シェーカー　shaker 셰이커
モーツァルト　Mozart 모차르트
チェックーイン　check-in 체크 인
ティー　tea 홍차
ミーティング meeting 미팅, 회의
ファイル file 파일
フィルム film 필름
カフェ caf　카페
プロデュースー　produce 프로듀스
ジェットコースター　jet+coaster 제트 코스터(일본식 영어)

[관광실무 일본어의 기초]

1 접객을 위한 기초일본어

••• | 자주 쓰는 기본 인사말

■ 기본인사

おはようございます。안녕하세요.(아침인사)

こんにちは。안녕하세요.(낮인사)

こんばんは。안녕하세요.(저녁인사)

お休(やす)みなさい。안녕히 주무세요.

■ 안부인사

お元気(げんき)ですか。잘 지내시죠?

…はい、お陰(かげ)さまで。예, 덕분예요.(잘 지냅니다)

■ 식사할 때

いただきます。잘 먹겠습니다.

ごちそうさまでした。잘 먹었습니다.

■ 사죄와 감사인사

すみません。/すいません。미안합니다.

ごめんなさい。미안합니다.(친할 때)

…いいえ、大丈夫(だいじょうぶ)です。아니오, 괜찮습니다.

ありがとうございます。고맙습니다.

…いいえ、どういたしまして。아니오, 천만에요.

■ 축하인사

おめでとうございます。축하합니다.

おめでとう。축하해(친할 때)

■ 헤어질 때

さようなら。안녕히 가세요.

では、また。또 봐요. (じゃね。친한 사이일 때)

●●● | 서비스업에서 자주 쓰는 표현

いらっしゃいませ。어서 오십시오.

ありがとうございます。감사합니다.

申し訳ございません。죄송합니다.

はい、かしこまりました。네, 잘 알겠습니다.

お待たせいたしました。오래 기다리셨습니다.

恐れ入りますが、少々お待ちくださいませ。죄송합니다만, 잠시만 기다려 주십시오.

申し訳ございません。大変お待たせいたしました。죄송합니다. 오래 기다리셨습니다.

恐れ入りますが、~でしょうか。죄송합니다만, ~입니까?

~はいかがでしょうか。~은 어떻습니까?

担当の者にお代わりいたします。少々お待ちくださいませ。

담당자를 바꿔 드리겠습니다. 잠시만 기다려 주십시오.

~ウォンをお預かりいたします。~원 받았습니다.

~ウォンをお返しいたします。ありがとうございます。

~원 입니다.(거스름돈을 돌려주면서) 감사합니다.

ありがとうございました。감사합니다.(손님이 돌아갈 때)

失礼いたします。실례합니다.

よろしいでしょうか。괜찮으시겠습니까?

2 숫자

숫자 1~10

1	2	3	4	5	6	7	8	9	10
いち	に	さん	し/よん/よ	ご	ろく	しち/なな	はち	きゅう/く	じゅう

시간

何時	1時	2時	3時	4時	5時	6時	7時
なんじ	いちじ	にじ	さんじ	よじ	ごじ	ろくじ	しちじ

8時	9時	10時	11時	12時	午後	午前
はちじ	くじ	じゅうじ	じゅういちじ	じゅうにじ	ごご	ごぜん

チェックアウトのお時間(じかん)は午前(ごぜん)11時(じ)でございます。체크아웃 시간은 오전 11시입니다.

営業時間(えいぎょうじかん)は午前(ごぜん)9時(じ)から午後(ごご)7時(じ)までです。

영업시간은 오전 9시부터 오후7시까지입니다.

분

何分	1分	2分	3分	4分	5分	6分	7分
なんぷん	いっぷん	にふん	さんぷん	よんぷん	ごふん	ろっぷん	ななふん

8分	9分	10分	30分	前	過ぎ
はっぷん	きゅうふん	じゅっぷん(じっぷん)	さんじゅっぷん/はん	まえ	すぎ

今何時(いまなんじ)ですか。지금 몇 시입니까?

12時(じ)5分前(ふんまえ)です。12시 5분 전입니다. 〔じゅうにじごふん〕

9時15分過ぎです。9시 15분 지났습니다. 〔くじじゅうごふん〕

••• | 숫자(십, 백, 천, 만)

十	百	千	万
10 じゅう	100 ひゃく	1,000 せん	10000 いちまん
20 にじゅう	200 にひゃく	2,000 にせん	20000 にまん
30 さんじゅう	300 さんびゃく	3,000 さんぜん	30000 さんまん
40 よんじゅう	400 よんひゃく	4,000 よんせん	40000 よんまん
50 ごじゅう	500 ごひゃく	5,000 ごせん	50000 ごまん
60 ろくじゅう	600 ろっぴゃく	6,000 ろくせん	60000 ろくまん
70 ななじゅう	700 ななひゃく	7,000 ななせん	70000 ななまん
80 はちじゅう	800 はっぴゃく	8,000 はっせん	80000 はちまん
90 きゅうじゅう	900 きゅうひゃく	9,000 きゅうせん	90000 きゅうまん

••• | 객실번호 말하는 법

- **한 단위로 말할 때 :** 1023호실 いち ゼロ に さん 号室
- **단위를 붙여서 말할 때 :** 1523호실 せんごひゃくにじゅうさん 号室
- **전화번호 말하는 법**

한 단위씩 끊어 말한다.

단, 2와 5는 にー와 ごー처럼 장음으로 발음하며, 号나 の앞에서는 짧게 발음한다.

国番号국번호 市外局番号시외번호

03-3445-6789 ゼロさんの さんよんよんごの ろくななはちきゅう

- **금액 말하는 법**

1,500(せんごひゃく)ウォンのお返しです。1,500원 돌려드립니다.

3 조수사

~本(ほん) ~자루	~枚(まい) ~장	~冊(さつ) ~권	~つ(=~個(こ)) ~개	~人(にん) ~명

いっぽん	いちまい	いっさつ	一つ(ひとつ)	一人(ひとり)
にほん	にまい	にさつ	二つ(ふたつ)	二人(ふたり)
さんぼん	さんまい	さんさつ	三つ(みっつ)	三人(さんにん)
よんほん	よんまい	よんさつ	四つ(よっつ)	四人(よにん)
ごほん	ごまい	ごさつ	五つ(いつつ)	五人(ごにん)
ろっぽん	ろくまい	ろくさつ	六つ(むっつ)	六人(ろくにん)
ななほん	ななまい	ななさつ	七つ(ななつ)	七人(しちにん)
はっぽん (はちほん)	はちまい	はっさつ	八つ(やっつ)	八人(はちにん)
きゅうほん	きゅうまい	きゅうさつ	九つ(ここのつ)	九人(きゅうにん)
じゅっぽん (じっぽん)	じゅうまい	じゅっさつ (じっさつ)	十(とお)	十人(じゅうにん)
何本(なんぼん) 몇 자루	何枚(なんまい) 몇 장	何冊(なんさつ) 몇 권	いくつ/何個(なんこ) 몇 개	何人(なんにん) 몇 명

●●● | 그 외의 조수사

何杯(なんばい) 몇 잔 何人前(なんにんまえ) 몇 인분 何件(なんけん) 몇 건 何軒(なんけん) 몇 채 何棟(なんむね) 몇 동

4 월/요일/일

何月(なんがつ) 몇 월

一月(いちがつ)1월 二月(にがつ)2월 三月(さんがつ)3월 四月(しがつ)4월 五月(ごがつ)5월 六月(ろくがつ)6월

七月(しちがつ)7월 八月(はちがつ)8월 九月(くがつ)9월 十月(じゅうがつ)10월 十一月(じゅういちがつ)11월 十二月(じゅうにがつ)12월

何曜日(なんようび) 무슨 요일 / 何日(なんにち) 며칠

日曜日(にちようび) 일요일	月曜日(げつようび) 월요일	火曜日(かようび) 화요일	水曜日(すいようび) 수요일	木曜日(もくようび) 목요일	金曜日(きんようび) 금요일	土曜日(どようび) 토요일
		一日(ついたち) 1일	二日(ふつか) 2일	三日(みっか) 3일	四日(よっか) 4일	五日(いつか) 5일
六日(むいか) 6일	七日(なのか) 7일	八日(ようか) 8일	九日(ここのか) 9일	十日(とおか) 10일	十一日(じゅういちにち) 11일	十二日(じゅうににち) 12일
十三日(じゅうさんにち) 13일	十四日(じゅうよっか) 14일	十五日(じゅうごにち) 15일	十六日(じゅうろくにち) 16일	十七日(じゅうしちにち) 17일	十八日(じゅうはちにち) 18일	十九日(じゅうくにち) 19일
二十日(はつか) 20일	二十一日(にじゅういちにち) 21일	二十二日(にじゅににち) 22일	二十三日(にじゅうさんにち) 23일	二十四日(にじゅうよっか) 24일	二十五日(にじゅうごにち) 25일	二十七日(にじゅうしちにち) 26일
二十七日(にじゅうしちにち) 27일	二十八日(にじゅうはちにち) 28일	二十九日(にじゅうくにち) 29일	三十日(さんじゅうにち) 30일	三十一日(さんじゅういちにち) 31일		

今日(きょう)は何月何日(なんがつなんにち)ですか。오늘은 몇 월 며칠입니까?

…五月五日(ごがついつか)です。5월 5일입니다.

何(なん)の日(ひ)ですか。무슨 날입니까?

…こどもの日(ひ)です。어린이 날입니다.

1 自己紹介(じこしょうかい)

학·습·포·인·트

1. 『~さん』
2. 『~は~です』
3. 『~の~です』 ~의 ~입니다.

단어

自己紹介(じこしょうかい) 자기소개
空港(くうこう) 공항
~で ~에서
~の ~의
出迎(でむか)え 마중
~さん ~씨
こちら 이쪽
~です ~입니다
あ 아(감탄사)
お久(ひさ)しぶりです 오랜만입니다
~は ~은/는
商品(しょうひん) 상품
開発(かいはつ) 개발
~部(ぶ) ~부
はじめまして 처음 뵙겠습니다
ワールドツアー 월드투어
どうぞ 부디
よろしく 잘
お願(ねが)いします 부탁합니다
こそ ~야말로
~へ ~으로(방향)

(空港での出向かえ)

イ　：山田さん、こちらです。

山田：あ、イさん。お久しぶりです。

イ　：お久しぶりです。

山田：こちらは、商品開発部の吉田です。

イ　：はじめまして。ワールドツアーのイチョルスです。

吉田：はじめまして。吉田トオルです
　　　どうぞ、よろしく。

イ　：こちらこそ、よろしくお願いします。
　　　どうぞ、こちらへ。

(공황에서의 마중)

이철수 : 야마다씨, 여깁니다.
야마다 : 아, 이철수씨. 오랜만입니다.
이철수 : 오랜만입니다.
야마다 : 이쪽은 상품개발부의 요시다입니다.
이철수 : 처음 뵙겠습니다. 월드투어의 이철수입니다.
요시다 : 처음 뵙겠습니다. 요시다 토오루입니다.
잘 부탁합니다.
이철수 : 저야말로 잘 부탁드립니다.
이쪽으로 오시죠.

문 법 노 트

1 『~さん』 ~씨

~さん은 우리말의 ~씨에 해당하는 가장 대표적인 호칭에 속한다. 일반적으로 남·여 구분 없이 성이나 이름에 붙여 쓴다. 격식을 차려야 할 경우나 친하지 않는 경우에는 성(姓)에 붙여서 부른다. 하지만, 친한 사이에서는 나이든 할머니일지라도 ~さん의 애칭인 ~ちゃん을 사용하기도 하는데 친근감의 표시인 셈이다. お巡(まわ)りさん(경찰아저씨)이나 運転手(うんてんしゅ)さん(기사님)처럼 직업명에 붙여서 친밀감을 나타내기도 한다.

山田(やまだ)さん 야마다 씨 イさん 이(철수) 씨

☞ 1인칭 わたし(나)/ぼく(저) おれ(뽐낼 때) / あたし(여자아이)
2인칭 あなた(당신) / きみ(너) おまえ(낮춤말) / ~さん(직접 부를 때)
3인칭 ~さん(~씨)/ かれ(그, 남자친구) かのじょ(그녀, 여자친구)

2 『~は~です』 ~은 ~입니다.

일본어의 술어 표현에는 말하는 대상에 따라 '예사말'과 '공대말'로 구분하여 사용한다. '예사말'은 자신과 아주 친밀한 사이나 손아래사람일 경우, '공대말'은 예의를 갖추어 말하는 경우에 쓴다.

	예사말	공대말
긍정	~は ~だ ~은 ~이다	~は ~です ~은 ~입니다
부정	~は ~ではない ~은 ~이(가) 아니다	~は ~では ありません~은 ~이(가) 아닙니다

「は」는 우리말의 ~은(는)에 해당하는 조사인데, /wa/로 발음해야 한다. 「~だ(~이다)」는 명사 뒤에 와서 명사를 서술한다. 공손한 표현이 「~です(~입니다)」이다. 문말에 의문조사 「か」를 붙여 의문문을 만드는데 일본어는 「?」를 쓰지 않는 것이 일반적이다.

これは 本だ。이것은 신문이다.　　　それは 新聞です。그것은 신문입니다.

あれは 雑誌ですか。저것은 잡지입니까?

いいえ、 雑誌では ありません。 絵本です。아니오, 잡지가 아닙니다.

3 『こちら、そちら、あちら、どちら』 지시, 방향

「こたら(이쪽)」「そちら(그쪽)」「あちら(저쪽)」「どとら(어느 쪽)」는 말하는 사람과 대상과의 위치 관계를 나타내는 지시어이다. 제한된 동일공간에서는 우리말과 대응되지만 그렇지 않은 경우도 있다. 말하는 사람에게 가까운 것은 「こ」, 상대방에게 가까운 것은 「そ」, 말하는 사람과 듣는 사람에게 모두 떨어져 있으면 「あ」, 어느 것인지 어느 쪽인지 모를 때는 「ど」를 사용한다. 그 외 こ/そ/あ/ど를 쓰는 표현으로 사물 「これ(이것), それ(그것), あれ(저것), どれ(어느)」을 지칭하거나, 장소 「ここ(여기), そこ(거기), あそこ(저기), どこ(어디))」를 나타낼 때도 쓴다.

こちらは石田さんです。이쪽은 이시다씨입니다.

どうぞ、こちらへ。이쪽으로 오시죠.

おトイレはどこですか。화장실은 어디인가요? … あちらです。저기입니다.

☞ 장소를 나타내는 지시어 ここ/そこ/あそこ/どこ는 공손한 표현으로 말할 때는 こちら/そちら/あちら/どちら를 사용한다. 특히 서비스업에서는 중요한 표현이다.

4 『~の~です』 ~의 ~입니다.

일본어는 체언(명사)과 체언(명사)을 연결할 때, 반드시 「の」를 써야한다. 「の」는 우리말의 「의」에 해당하는 조사인데, 우리말에서는 의미가 부자연스러울 때는 생략해도 무방하다. 그 외 여러 가지 의미로 해석할 수 있다.

マーケティング部の吉村です。마케팅부의 요시무라입니다.

日本語の先生 일본어 선생님　　　ソウルの友だち 서울에 있는 친구

小説家のヨシモトバナナ 소설가인 요시모토 바나나

経済の本 경제에 관한 책

연습문제

1 다음 빈칸을 채워 봅시다.

は	じ		ま		て	。

ワ	ー	ル	ド	ツ	ア		キ	ム	ミ	ナ	で	す	。

	う	ぞ	、		ろ	し	く	。	お	願	い	し	ま	す	。

2 보기와 같이 제시어를 사용해 대답해 봅시다.

> **보기**
>
> リムジンバス乗(の)り場(の)はどこですか。리무진버스 타는 곳은 어디입니까?
>
> ↳ あそこ(저기)　<u>あちら</u>でございます。　저기입니다

(1) コーヒーショップはどこですか。 커피숍은 어디입니까?

↳ 2階(かい)(2층)

(2) スカイラウンジはどこですか。 스카이라운지는 어디입니까?

↳ そこ(거기)

(3) 免税店(めんぜいてん)はどこですか。 면세점은 어디입니까?

↳ ここ(여기)

3 보기와 같이 제시어를 사용해 말해 봅시다.

보기

ハナツアー、ユン

↳ ハナツアーのユンと申します。하나투어의 윤○○라고 합니다.

(1) JTB、福田

↳

(2) 大韓航空、李

↳

(3) ○○大学、イム

↳

4 다음 대화를 읽고 밑줄에 들어갈 말을 써봅시다.

(1) これはだれのめがねですか。… ________は林さんのです。 めがね(안경)

(2) それはだれの辞書ですか。… ________は佐藤さんのです。 辞書(사전)

(3) お手洗いどちらですか。… ________です。 あちら(저쪽)

JAPAN INFO 일본에 관한 기초지식

- 국호 : 日本(니혼) JAPAN(대외적)
- 국기 : 日の丸(히노마루)
- 국가 : 君が代(기미가요)
- 일본의 면적 : 약 38만 평방km.
- 주요섬 : 北海道(홋카이도), 本州(혼슈), 四国(시코쿠), 九州(큐슈)의 4개의 큰 섬과 7,000여 개의 부속섬으로 구성되어있고 이들 섬을 日本列島(일본열도)라고 부른다.
- 일본의 인구 : 약 1억 2천 8백만 명
- 인구밀도 : 342명/km^2
- 일본의 위치 : 일본은 유라시아대륙의 동쪽에 위치하며, 남북(약3,000Km)으로 긴 활모양을 이루며 동경122~154도, 북위20~46도 사이에 위치한다.
- 일본의 시차 : 동경135도 경선이 일본의 자오선으로 경도인 런던과 9시간의 시차가 있다. 우리나라와는 시차가 없다.
- 행정구역 : 전국을 47都道府県(도도부현)으로 나눈다.

  東京都(도쿄도)

  北海道(홋카이도)

  大阪府(오사카부)

  京都府(교토부)

  43県(43현)
- 수도 : 東京(도쿄)
- 통화 : 엔(¥)

일본의 지방구분과 주요도시

일본의 행정구분은 47도도부현으로 구분하지만 전국을 지리적, 역사적 배경에 따라 홋카이도, 도호쿠, 간토, 주부, 긴키, 주고쿠, 시코쿠, 규슈, 오키나와의 9개 지역으로 나누는 것이 일반적이다. 각 지역은 그 지방 고유의 사투리, 생활양식과 풍습, 전통문화를 간직하여, 톡특한 매력을 발휘하고 있다.

수도 도쿄를 포함한 **関東地方**(かんとうちほう)(간토 지방)과 오사카가 있는 **関西地方**(かんさいちほう)(간사이 지방)은 먹을거리에서부터 전통예능의 형식에 이르기까지 모든 면에서 확연한 대조를 보인다. 도쿄의 중산층이 사용하는 말이 표준일본어이며, 도쿄지역의 본토박이들의 독특한 억양을 **関東弁**(かんとうべん)(간토벤)이라고 오사카 쪽의 말은 **関西弁**(かんさいべん)(간사이벤)이라고 한다. 일본어는 지역에 따른 방언차가 심한 편이며 방언에 대한 자긍심도 높은 편이다. 지역의 주요 도시들은 각 지방의 정치, 경제, 문화의 중심지로서의 역할을 한다.

2 お仕事(しごと)は何時(なんじ)までですか。

학·습·포·인·트

1. 형용사의 용법
2. 명사의 경어
3. 종조사

단어

取引先(とりひきさき) 거래처
~を ~을/를
訪問(ほうもん) 방문
ノック 노크
どうぞ 부디, 어서(권유하는 말)
世界(せかい) 세계
失礼(しつれい)します 실례합니다.
ワールドツアー 월드투어
広報部(こうほうぶ) 홍보부
忙(いそが)しい 바쁘다
ところ 시기, 때(장면, 상황)
どうも すいません 대단히 죄송합니다
いいえ 아뇨
どういたしまして 천만에요
茶(ちゃ) 차
仕事(しごと) 일
何時(なんじ) 몇 시
まで 까지
か ~까
残業(ざんぎょう) 잔업
多(おお)い 많다
大変(たいへん)だ 힘들다. 큰일이다
ね ~군요

(取引先を訪問)

ホン：(ノック)

小林：はい。どうぞ。

ホン：失礼します。世界ツアー広報部のホンです。

小林：あ、ホンさん。こんにちは。

ホン：お忙しいところ、どうもすいません。

小林：いいえ、どういたしまして。

お茶をどうぞ。

ホン：どうも。お仕事は何時までですか

小林：6時までですが、残業が多いです。

ホン：たいへんですね。

(거래처를 방문)

홍 : (노크)
고바야시 : 네. 들어오세요.
홍 : 실례합니다. 세계투어 홍보부의 홍만수입니다.
고바야시 : 아, 홍만수씨. 안녕하세요.
홍 : 바쁜 때 죄송합니다.
고바야시 : 아니오. 천만에요.
차를 드세요.
홍 : 고맙습니다. 일은 몇 시까지입니까?
고바야시 : 6시까지입니다만, 잔업이 많습니다.
홍 : 힘들겠군요.

문 법 노 트

1 『-い + 명사』 ~한 + 명사

단어 가운데 사물의 성질이나 상태를 나타내는 것이 형용사다. 일본어 형용사는 명사를 꾸미는 형태에 따라 い형용사와 な형용사로 나누어진다. 먼저 い형용사를 살펴보자. 원형은 「-い」로 끝난다. 명사를 꾸밀 때도 같은 형태이다.

い형용사가 명사를 수식할 경우 黄色(きいろ)いハンカチ 노란 손수건
赤(あか)いスカーフ 빨간 스카프

い형용사가 동사를 수식할 경우 天気(てんき)が寒(さむ)くなる。 날씨가 추워지다.
部屋(へや)を明(あか)るくする。방을 밝게 하다.

2 『-い』〈い형용사〉-4

い형용사가 서술어일 경우

今日(きょう)は あつい。 오늘은 덥다.

今日(きょう)は あつく ない。 오늘은 덥지 않다.

今日(きょう)は あついです。 오늘은 덥습니다.

今日(きょう)は あつく ありません(ないです)。오늘은 덥지 않습니다.

잠깐!! な형용사의 과거

과거	예사말	공대말
긍정	−かった ~았(었)다	−かったです ~았(었)습니다
부정	−くなかった ~지않았(었)다	−く ありませんでした(−くなかったです) ~지않았(었)습니다

東京(とうきょう)は物価(ぶっか)がとても高(たか)かったです。도쿄는 물가가 매우 비쌌습니다.

3 『お/ご』 접두어〈존경/공손, 미화/친밀감〉

명사 앞에 「お/ご」를 붙이면 미화어나 공손한 의미가 된다. 일반적으로 일본 고유어에는 「お」를 한자어에는 「ご」를 붙이는 경향이 있다.

お+和語(일본 고유어)	ご+漢語(중국 한자어)
お弁当도시락	ご案内안내
お手紙편지	ご家族가족
お天気날씨	ご連絡연락
お部屋방	ご夫婦부부
お客様*손님	ご婦人方*부인

お料理요리 お電話전화 お時間시간은 한자어라도 「お」를 쓴다. *의 ~様 ~方는 접미어

お客様のお名前は? 손님의 성함은 어떻게 되십니까?

☞ 「お/ご」의 경어적 의미가 희석된 경우는 단어의 일부처럼 쓰이는 경우도 있다.
おかず반찬 おなか배 おしゃれ멋쟁이 おしぼり물수건 おしゃべり수다, 말(씀)
ご飯밥 ご馳走진수성찬 ご苦労수고 ご無沙汰무소식, 격조함

4 『~から~まで』 ~부터 ~까지

「~から」는 출발이나 시작의 기점을, 「~まで」는 끝나는 지점을 나타내는 조사이다.

成田空港から東京まで 나리타공항에서 도쿄까지

5 『~ね』 ~군요

문말에 오는 종조사 「ね」는 문장을 부렇게 하면서 상대방에게 동의를 구하는 뜻을 내포하고 있다.

それは大変ですね。그것은 힘들겠군요.

연습문제 ▶▶

1 보기와 같이 제시어를 사용해 말해 봅시다.

> **보기**
>
> 高(たか)い、ビル
>
> ↳ **高(たか)いビルですね。** 높은 빌딩이군요.

(1) 広(ひろ)い、部屋(へや)

↳

(2) 大(おお)きい、建物(たてもの)

↳

(3) いい、ところ

↳

(4) 安(やす)い、ジーパン

↳

(5) おいしい、キムチ

↳

2 다음 (　　　) 안의 단어를 ＿＿＿＿＿에 고쳐 써봅시다.

보기

高い

↳ カメラは<u>高くない</u>です。카메라는 비싸지 않습니다.

(1) 焼き肉は ＿＿＿＿＿＿です。(安い)

(2) 部屋は＿＿＿＿＿です。(狭い)

(3) コンビニは ＿＿＿＿＿です。(近い)

(4) 銀行は ＿＿＿＿＿です。(遠い)

3 다음을 작문해 봅시다.

(1) 근무는 몇 시부터 몇 시까지 입니까? (お仕事)

(2) 한국요리는 맛있었습니다. (韓国料理)

(3) 회사는 멀지 않습니다. (遠い)

JAPAN INFO

일본의 자연과 기후

아키타의 겨울

일본국토는 70%가 산지이며 그 대부분은 삼림으로 뒤덮여 있다. 혼슈의 중앙부에는 일본 알프스로 불리는 3,000m이상의 산들이 늘어서 있어 이를 각각 북·중앙·남알프스라고 한다. 일본의 지붕으로도 일컬어지는데 1896年 영국인 웨스톤에 의해 명명되었다. 나머지 지역은 평야와 분지이다. 일본의 지형은 남북으로 3,000 여km에 걸쳐 길게 뻗은 활모양으로 최북단과 최남단의 기후가 매우 다르다. 3월에 남쪽의 오키나와에서는 일광욕을 할 수 있고 북쪽의 홋카이도에서는 스키를 탈 수 있을 만큼 기후분포가 다양하다. 대부분의 지역이 북반구의 온대 지역에 속하며 습기가 많은 몬순 기후로서 여름에는 태평양에서 남동풍이, 겨울에는 유라시아 대륙에서 북서풍이 불어온다.

또한, 섬나라로 주변 바다에는 난류와 한류가 흘러 다양한 어종을 유지할 수 있는 환경이 조성되어 있다.

사계절이 뚜렷하여 봄에는 화려하게 만개한 벚꽃놀이를 가을에는 울긋불긋 산과 들을 수놓은 가을 단풍을 즐기며 철 따라 변화하는 경치를 만끽한다. 때문에 일본인들은 절정의 桜前線(さくらぜんせん) 벚꽃전선과 紅葉全線(もみじぜんせん)단풍전선을 보여주는 일기예보에 큰 관심을 가진다.

수확한 참치를 냉동창고로 옮기는 작업

일본열도는 환태평양지진대 위에 놓여 있어서 화산활동이 활발하고 세계에서도 유수의 지진다발지대이다. 후지산은 해발 3,776m의 일본최고의 산으로 전형적인 원추형활화산이다. 1707年에 대분화가 있었으나 이후로는 분화활동을 보이지 않고 있다. 현재, 일본에는 아소산, 사쿠라지마 운젠다케 등 약 60 여 곳의 활화산이 존재한다. 지진뿐만 아니라 때때로 태풍, 화산 폭발과 같은 심각한 자연재해를 입고 있다. 이러한 자연재해가 1995년 1월에 발생했던 고베 대지진처럼 많은 생명을 앗아간 적도 있지만 일본인들은 그 피해를 최소화하기 위해 오랜 세월 열심히 노력하고 있다. 일본은 내진 구조물 설계와 보다 정확한 태풍의 이동경로 추적을 위해 최첨단 기술을 이용하고 있다.

교토의 봄과 가을

JAPAN INFO

일본의 의식주

전통적인 다다미방

주거 오늘날에는 대부분 마루를 깐 맨션이나 아파트에 살고 있지만 전통적인 일본가옥은 습기가 많은 기후로 인해 통풍을 원활하게 하기 위한 다다미(짚으로 짠 돗자리)를 깐 목조 주택이었다. 다다미는 약 600년 전부터 일본 가정에서 사용되어 왔다. 다타미 한 장의 크기는 1.91×0.95m 정도로, 방의 크기를 나타낼 때 다타미 장수를 말한다.

음식 일본어로 '식사'를 ご飯(고한)이라 한다. 이 말은 실제로는 쌀밥을 가리키는 말이었다. 전통적인 일본 식사는 쌀밥에 魚(생선), 煮物/あえ物(조림, 무침의 곁들이 반찬), 味噌汁국(된장국), 漬物(절인 야채)로 이루어진다. 쌀 외에도 일본인들은 빵, 국수, 파스타를 즐겨 먹으며 서양식문화의 유입으로 고기류도 폭 넓게 즐긴다. 물론 寿司(초밥), テンプラ(튀김), すき焼き(스키야키) 등 해외에 널리 알려진 일본 음식들도 인기가 있다.

전통적인 일본식사

도시에는 젊은이와 어린이들에게 인기가 높은 ハンバーガー(햄버거)와 フライドチキン(후라이드치킨)을 파는 ファーストフード店(패스트푸드점) 이 많다.

음식을 먹기 전에 일본인은 대부분 'いただきます잘 먹겠습니다'라는 의미의 정중한 표현으로 음식을 준비한 사람에 대한 고마움을 나타내고 있다. 그리고 음식을 먹은 뒤에는 'ご馳走さまでした잘 먹었습니다' 라고 말을 함으로 써 다시 한 번 고마움을 표현한다.

유카타를 입은 아이들

의복 일본의 전통의상은 着物(기모노)이다. 보통 비단으로 옷을 짓는 기모노는 소매가 길어 어깨에서 발 뒤꿈치까지 닿을 정도이다. 여기에 '帯오비'라고 부르는 넓은 허리띠를 장식하여 맨다. 기모노는 오늘날에는 시치고산 (7,5,3살을 기념), 결혼식, 졸업식 등의 격식을 차린 날에 주로 입는다. 서양 의상과 비교하여 기모노는 몸의 움직임을 제한하고 입는데 많은 시간이 걸린다. 그러나 여름에는 간편하고 가벼운 평상복인 浴衣(유카타)를 어린이와 젊은이들이 祭り(축제)나 花火(불꽃놀이) 등의 특별한 날에 입는다. 평소 젊은 사람들은 티셔츠나 청바지 차림의 활동하기 편한 옷을 더 선호한다.

3 すてきな橋(はし)ですね。

학·습·포·인·트

1. 형용사의 용법
2. 명사의 경어
3. 종조사

단어

ハトバス 도쿄시티투어버스
~の ~의
中(なか) 안
~で ~에서(장소)
すてきだ 멋지다
あの 저
橋(はし) 다리
~が ~이/
有名(ゆうめい)だ 유명하다
ワールドツアー 월드투어
レインボーブリッジ 레인보 브릿지
とても 매우, 아주
いい 좋다
夜景(やけい) 야경
ほら 저기(주의를 환기시킬 때)
右側(みぎがわ) 오른쪽 편
東京(とうきょう)タワー 도쿄타워
ほんとうに 정말로
きれいだ 아름답다, 예쁘다
今年(ことし) 올 해
~周年(しゅうねん) ~주년
~よ ~요

(ハトバスの中(なか)で)

チャン：すてきな橋(はし)ですね。

清水(しみず)　：あの橋(はし)が有名(ゆうめい)なレインボーブリッジです。

チャン：とてもいい夜景(やけい)ですね。

清水(しみず)　：ほら。右側(みぎがわ)に東京(とうきょう)タワーです。

チャン：ほんとうにきれいですね。

清水(しみず)　：今年(ことし)、50周年(しゅうねん)ですよ。

チャン：あ、そうですか。

(하토버스 안에서)

장　　: 멋진 다리군요.

시미즈 : 저 다리가 유명한 레인보브릿지예요.

장　　: 아주 좋은 야경이군요.

시미즈 : 아 저기, 오른쪽에 도쿄타워입니다.

장　　: 정말 아름답군요.

시미즈 : 올해, 50주년이에요.

장　　: 아, 그렇군요.

문법노트 ▸▸

1 『-な + 명사』 ~한 + 명사

사물의 성질이나 상태를 나타내는 な형용사는 어미가 「-だ」로 끝나는 형용사이다. 우리말의 '~하다'에 해당한다. 「-な」의 형태로 명사를 꾸민다.

な형용사가 명사를 수식할 경우　便利(べんり)なところ　편리한 곳
　　賑(にぎ)やかなところ　번화한 곳

な형용사가 동사를 수식할 경우　きれいに掃除(そうじ)する　깨끗이 청소하다
　　静(しず)かにする　조용히 하다

2 『-だ』 ~하다 〈な형용사〉

な형용사가 서술어로 쓰일 경우 공손한 말은 「-だ」를 떼고 「-です」를 붙인다.

この公園(こうえん)は 静(しず)かだ。 이 공원은 조용하다.

この公園(こうえん)は 静(しず)かではない。 이 공원은 조용하지 않다.

この公園(こうえん)は 静(しず)かです。 이 공원은 조용합니다.

この公園(こうえん)は 静(しず)かでは(じゃ)ありません。 이 공원은 조용하지 않습니다.

잠깐! な형용사의 과거

과거	예사말	공대말
긍정	–だった ~었(였)다	–でした(–だったです) ~었(였)습니다
부정	–ではなかった ~지 않았다	–では ありませんでした(–ではなかったです) ~지 않았습니다

キムさんの妹(いもうと)さんはとてもきれいでした。김○○씨의 여동생은 매우 예뻤습니다.

3 『この/その/あの/どの』 이/그/저/어느

「こ/そ/あ/ど」가 들어가는 말 중에 무엇인가를 가리키고자 할 때 쓰는 표현으로 우리말의 '이/그/저/어느'에 해당한다. 명사 앞에 와서 뒤에 오는 말을 한정하거나 꾸미는 역할을 하는데 지시어와 구분해서 연체사라고 한다.

그 외 비슷한 연체사에는『こんな/そんな/あんな/どんな '이런/그런/저런/어떤'』가 있다.

このかばんはだれのですか。이 가방은 누구의 것입니까?

…高橋(たかはし)さんのです。다카하시씨 것입니다.

あの長(なが)い橋(はし)は何(なん)ですか。저 긴 다리는 뭐예요?

…瀬戸大橋(せとおおはし)です。세토오하시예요.

あの方(かた)はどなたですか。저 분은 누구십니까?

…黄色(きいろ)いシャツの人(ひと)ですか。あの人(ひと)は橋本(はしもと)さんです。

노란 셔츠를 입은 사람인가요? 저 사람은 하시모토씨예요.

4 『~よ』 ~아/어요

문말에 오는 종조사「よ」는 상대방이 모르는 것을 알려주거나, 자신의 생각이나 주장을 강조할 때 자주 쓰인다.

ソウルの景色(けしき)もとてもよかったですよ。서울 경치도 매우 좋았어요.

연 습 문 제 ▸▸

1 보기와 같이 제시어를 사용해 말해 봅시다.

보기

きれいだ、ホテル

↳ **きれいなホテルですね。** 깨끗한 호텔이군요.

(1) 親切(しんせつ)だ、ウェイトレス

↳

(2) 賑(にぎ)やかだ、ところ

↳

(3) 静(しず)かだ、部屋(へや)

↳

(4) 立派(りっぱ)だ、建物(たてもの)

↳

(5) 有名(ゆうめい)だ、お寺(てら)

↳

2 다음 (　　) 안의 단어를 ________에 고쳐 써봅시다.

보기

上手だ

↳ 英語はまだ<u>上手じゃありません</u>。
영어는 아직 잘하지 못합니다.

(1) 交通はあまり ______________________。 (便利だ)

(2) スポーツはあまり______________________。 (好きだ)

(3) カラオケはあまり ______________________。 (得意だ)

(4) 山田さんはまだ ______________________。 (元気だ)

3 다음을 작문해 봅시다.

(1) 훌륭한 불상이군요. (仏像)

(2) 영어는 잘 하지 못합니다.(苦手だ)

(3) 교통이 불편한 곳입니다.(不便だ)

bonus TIP ▸▸ 명사의 경어

일본어 경어는 존경, 격식, 친소관계, 품격유지, 친절함을 나타낸다. 특히, 서비스업에서는 중요하게 숙지해야할 부분이다. 상대방을 어떻게 대우할 것인가에 따라 존경어(상대를 높이는 어법), 겸양어(자신을 낮추는 어법), 정중어로 나누어 말한다. 여기서는 명사의 경어를 살펴보자.

(1) 달라지는 경우

わたし 우리 → わたしとも 저희들

あなた 당신 → お客様(きゃくさま) 손님, 고객님

みなさん 여러분 → 皆様(みなさま) 여러분

私(わたし)たちのホテル 우리 호텔 → 当(とう)ホテル 당 호텔

何人(なんにん)、何名(なんめい) 몇 명 → 何名様(なんめいさま) 몇 분

今(いま) 지금 → ただ今(いま) 지금

だれ 누구 → どなたさま、どちらさま 어느 분

今度(こんど) 이번 → この度(たび) 이번

この間(あいだ) 지난번 → 先日(せんじつ) 지난번

家(いえ) 집 → お宅(たく) 댁

娘(むすめ) 딸 → お嬢(じょう)さん 따님

(2) 접두어나 접미어를 붙이는 경우 ⇒ 2과 문법노트 3 참조!

일반적으로 고유어에는 「お」를 한자어에는 「ご」를 붙인다.

(3) 「お」나 「ご」를 붙이지 않는 경우

외국어, 외래어, 공용어, 경의를 내포하고 있는 말, 동물, 자연, 병명, 「あ」나 「お」로 시작되는 말에는 붙이지 않는다.

タクシー 택시 コップ 컵 太陽(たいよう) 태양 先生(せんせい) 선생 猫(ねこ) 고양이

山(やま) 산 雨(あめ) 비 風邪(かぜ) 감기 赤(あか) 빨강

JAPAN INFO

도쿄의 주변

일본금융의 총본산 일본은행

간토지방은 東京도쿄, 横浜요코하마, 川崎가와사키, 埼玉사이타마, 千葉지바 등 주요도시를 포함하는 곳으로 일본에서 가장 인구밀도가 높은 지방이다. 상업과 산업의 중심지이며 일본인구의 1/3이 집중해 있다.

도쿄의 도심에서 약 2시간 정도 떨어진 통근거리에 있는 여러 위성도시들로 인해 간토지방의 대부분이 도시화되었다. 도쿄주변은 전형적인 도시근교농업이 활발하며 야채나 화훼재배가 많다. 특히, 지바현은 야채생산량이 일본제일이다. 茨城이바라키, 栃木도치기, 지바현을 중심으로 양돈, 양계, 낙농이 성하다. 태평양측은 어획고가 높다.

도쿄만 연안을 따라 뻗어 있는 대규모 임해형 공장지대로 도쿄-요코하마를 잇는 京浜게이힌공업지대와 도쿄-지바를 잇는 京葉게이요공업지대는 일본에서 가장 큰 산업지대이다.

수도 도쿄는 천 2백만 명의 인구가 상주하고 있으며, 세계 최대도시 중의 하나이다. 대부분의 대기업과 외국회사, 대중매체의 본거지가 동경도내에 집중하고 있으며, 오피스빌딩, 맨션, 도로, 철도(지하철)가 집적해 있다. 도쿄도심의 新宿신주쿠 池袋이케부쿠로 渋谷시부야 銀座긴자 上野우에노를 중심으로 백화점, 전문점, 고급브랜드점 등의 대규모 상업시설과 음식점의 집적도가 높다. 또한, 정치와 교육과 문화의 중심지이며, 일본금융의 중핵일 뿐만 아니라 IT관계 등이 집적하고 있다. 메트로폴리탄 도쿄에서는 현대와 전통예술을 다양하게 접할 수 있다.

도쿄만의 레인보브릿지

휴일의 긴자거리

전자상가의 거리 아키하바라

4 どこで会(あ)いましょうか。

학·습·포·인·트

1. 동사의 용법
2. 형용사의 연결형
3. 형용사의 경어

단어

携帯(けいたい) 휴대전화
~で ~로(수단, 방법)
約束(やくそく) 약속
ホテル 호텔
どうですか 어떻습니까?
駅(えき) 역
近(ちか)い 가깝다
便利(べんり)だ 편리하다
隣(となり) 옆, 이웃(집)
100円(ひゃくえん) 100엔
ショップ 숍, 가게
~も ~도
ある 있다
ます 있습니다
よかった 잘됐다
ところで 그런데(화제를 바꿀 때)
会(あ)う 만나다
ましょうか ~할까요
六本木(ろっぽんぎ) 롯뽄기(지명)
東口(ひがしぐち) 동쪽출구
ごろ ~쯤
よろしい 좋다(경어)
大丈夫(だいじょうぶ)だ 괜찮다
お休(やす)みなさい 안녕히 주무세요

(携帯で約束)

ヤン：はい。

橋本：もしもし。ヤンさん。↗ (문말을 올림)

ヤン：ああ、橋本さん。

橋本：ホテルはどうですか。

ヤン：駅から近くて便利です。

隣に100円ショップもありますよ。

橋本：それはよかったですね。

ところで、あしたどこで会いましょうか。

ヤン：六本木駅の東口で１１時ごろよろしいですか。

橋本：はい、大丈夫です。では、あした。

ヤン：じゃ、また。お休みなさい。

(휴대전화로 약속)

양　　　: 네.
하시모토 : 여보세요. 양○○씨죠?
양　　　: 아, 하시모토씨!
하시모토 : 호텔은 어떻습니까?
양　　　: 역에서 가까워서 편리합니다. 바로 옆에 100엔 숍도 있습니다.
하시모토 : 그것 잘 됐군요. 그런데, 내일 어디서 만나죠?
양　　　: 롯뽄기역 동쪽출구에서 11시쯤 되겠습니까.
하시모토 : 네, 괜찮습니다. 그럼, 내일 봅시다.
양　　　: 그럼, 또. 안녕히 주무세요.

문 법 노 트

1 동사

동사는 사물의 동작이나 작용, 상태, 존재를 나타내는 말이다. 일본어에는 3종류가 있다. 모든 동사의 기본형은 어미가 /u/ 모음으로 끝난다. 즉 동사의 어미는 「う」단 「う, く, ぐ, す, つ, ぬ, ぶ, む, る」이다. Ⅰ그룹 동사는 Ⅱ, Ⅲ 그룹을 제외한 나머지 모든 동사로 u동사라고 한다. Ⅱ 그룹 동사는 る로 끝나고 그 앞의 모음이 /i/모음이나 /e/모음인 동사로 ru동사라고 한다. Ⅲ 그룹은 불규칙 동사로 来る(오다)와 する(하다)의 2개뿐이다. 동사는 문장에서 주어의 행동을 설명해 주며 서술부의 중심이 된다. 뿐만 아니라 の/もの/こと 등과 더불어 '~하는 것'이라는 의미로 주어역할을 하기도 하며, 명사나 대명사를 수식하기도 한다.

毎朝、パンを食べる。매일아침, 빵을 먹는다.

7時に起きる。7시에 일어난다. 寝る人 자는 사람

■ 동사의 종류

동사 종류	활용에 따른 분류	형태에 따른 분류	그룹	구분
Ⅰ그룹 동사	u 동사	5단활용 동사	書く쓰다 買う사다 話す말하다/이야기하다 待つ기다리다 死ぬ죽다 遊ぶ놀다 読む읽다	어미가る 아닌 것
			ある있다 わかる알다 売る팔다 終わる끝나다	る앞이 あ단/う단/お단
			走る달리다 入る들어가다 要る필요하다 切る자르다 知る알다 減る줄다 帰る돌아가다/돌아오다	예외
Ⅱ그룹 동사	ru 동사	1단활용 동사	いる있다 食べる먹다 見る보다 寝る자다	る앞이 い단/え단
Ⅲ그룹 동사	불규칙 동사	변격활용 동사	来る오다 する하다 한자어+する(~하다)	불규칙

2 동사의 『-ます』 형

일본어로 우리말의 공손체인 '-ㅂ니다'를 표현할 때는 동사에 정중의 조동사인 「-ます」가 더해져야 한다. 「-ます」가 연결 될 때는 동사의 원형에서 어미가 탈락된 어간에 연결된다. 동사의 종류에 따라 다음과 같이 접속된다.

Ⅰ그룹 동사	ある 있다 ⇒ あります 있습니다 言(い)う 말하다 ⇒ 言(い)います 말합니다 行(い)く 가다 ⇒ 行(い)きます 갑니다 書(か)く 쓰다 ⇒ 書(か)きます 씁니다 待(ま)つ 기다리다 ⇒ 待(ま)ちます 기다립니다 飲(の)む 마시다 ⇒ 飲(の)みます 마십니다 話(はな)す 이야기하다 ⇒ 話(はな)します 이야기합니다	어미/u/모음 ⇒/i/모음 + ます
Ⅱ그룹 동사	いる 있다 ⇒ います 있습니다 見(み)る 보다 ⇒ 見(み)ます 봅니다 起(お)きる 일어나다 ⇒ 起(お)きます 일어납니다 食(た)べ る먹다 ⇒ 食(た)べます 먹습니다 寝(ね)る 먹다 ⇒ 寝(ね)ます 먹습니다	어미「る」를 떼고 + ます
Ⅲ그룹 동사	来(く)る 있다 ⇒ 来(き)ます 옵니다 する 하다 ⇒ します 합니다	불규칙!

机(つくえ)の上(うえ)に本(ほん)があります。책상 위에 책이 있습니다.

庭(にわ)に猫(ねこ)がいます。정원에 고양이가 있습니다.

図書館(としょかん)で勉強(べんきょう)します。도서관에서 공부합니다.

地下鉄(ちかてつ)で来(き)ます。지하철로 옵니다.

■ **조동사「ーます」의 활용**

	긍정	부정
현재	ーます (ーㅂ니다)	ーません (ー지 않습니다)
과거	ーました (ー았/었습니다)	ーませんでした (ー지 않았습니다)

金曜日から土曜日まで会社へ行きます。월요일에서 금요일까지 회사에 갑니다.

晩ごはんは食べません。저녁밥은 먹지 않습니다.

昼ごはんはカレーを食べました。점심밥은 카레를 먹었습니다.

今朝は何も食べませんでした。오늘 아침은 아무 것도 먹지 않았습니다.

☞「ーましょう」(~합시다)「ーましょうか」(~할까요)

何時に会いましょうか。몇 시에 만날까요?(정중한 표현)

4時に会いましょう。4시에 만납시다.

2 『い형용사-くて』/『な형용사-で』

~하고(열거) / ~해서(원인, 이유) 〈형용사의 연결〉

この店、安くておいしいですね。 이 가게 싸고 맛있군요.

…そうですね。 それにきれいで静かですね。

그렇군요. 게다가 깨끗하고 조용하군요.

この辺りは道が狭くて危険です。이 부근은 길이 좁아서 위험합니다.

■ 명사문의 연결

2名様で、ツインに3泊ですね。두 분이시고 트인 룸에 3박이군요.

今日は、 風邪で 会社を 休みました。 오늘은 감기 때문에 회사를 쉬었습니다.

3 『~ごろ』 ~쯤 / ~경

「~ごろ」는 시간을 나타내는 명사 뒤에 와서 '대략적인 시간'을 나타낸다.

ところで、何時ごろ会いましょうか。그런데, 몇 시쯤 만날까요?

4 『よかった』 (형용사의 과거) 잘됐다.

형용사 「いい」는 '좋다'인데 부정형이나 과거시제일 때는 같은 뜻의 「よい」가 대신한다.

いい좋다 → いくない좋지 않다(×) → いかった좋았다(×) → いくなかった
よい좋다 → よくない좋지 않다(○) → よかった좋았다(○) → よくなかった(○)

연습문제

1 다음 빈칸을 채워 봅시다.

기본형(~다)	ます(~ㅂ니다)	ません(~지 않습니다)
買(か)う 사다	買(か)います 삽니다	買(か)いません 사지 않습니다
書(か)く 쓰다		
泳(およ)ぐ 수영하다		
話(はな)す 말하다		
持(も)つ 들다		
死(し)ぬ 죽다		
呼(よ)ぶ 부르다		
読(よ)む 읽다		
帰(かえ)る 돌아가다		
起(お)きる 일어나다		
食(た)べる 먹다		
見(み)る 보다		
寝(ね)る 자다		
くる 오다		
する 하다		
勉強(べんきょう)する 공부하다		

2 다음 빈칸을 채워 봅시다.

기본형(~다)	ました(~았/었습니다)	ませんでした(~지 않았습니다)
買(か)う 사다	買(か)いました 샀습니다	買(か)いません 사지 않았습니다
書(か)く 쓰다		
泳(およ)ぐ 수영하다		
話(はな)す 말하다		
持(も)つ 들다		
死(し)ぬ 죽다		
呼(よ)ぶ 부르다		
読(よ)む 읽다		
帰(かえ)る 돌아가다		
起(お)きる 일어나다		
食(た)べる 먹다		
見(み)る 보다		
寝(ね)る 자다		
くる 오다		
する 하다		
勉強(べんきょう)する 공부하다		

3 다음은 자기소개문입니다. (　　)안에 알맞은 조사를 써넣어봅시다.

はじめまして。

観光大学の2年生(　　　)キムスヒです。

趣味は料理やお菓子(　　　)作ることです。

ときどき家族(　　)友だちのためにおいしい料理を作ります。

将来はホテル(　　)働きたいです。

처음 뵙겠습니다.
관광대학 2학년인 김수희입니다.
취미는 요리랑 과자를 만드는 것입니다.
때대로 가족이나 친구를 위해 맛있는 요리를 만듭니다.
장래에는 호텔에서 일하고 싶습니다.

新단어 観光大学관광대학 2年生2학년 趣味취미 料理요리 お菓子과자
作る만들다 家族가족 将来장래 たい~하고 싶다

4 아래 그림을 보고 (　　　) 안의 동사를 고쳐 넣으시오.

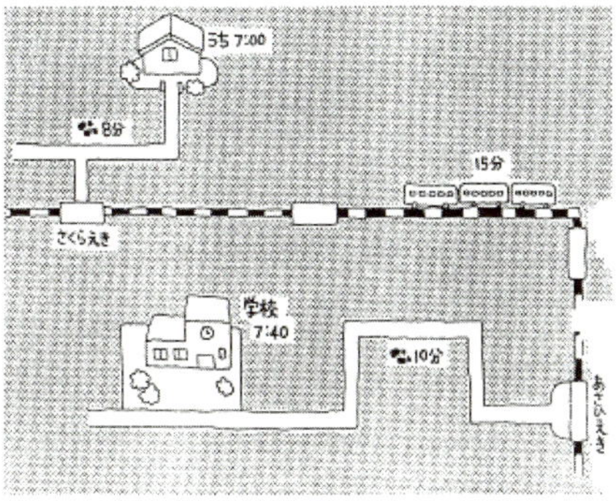

わたしは毎朝(まいあさ)7時(じ)にうちを(나옵니다　　　　　　　)。

うちからさくら駅(えき)まで(걷습니다　　　　　　)。

八分(はちふん)ぐらい(걸립니다　　　　　　)。

さくら駅(えき)で電車(でんしゃ)に (탑니다　　　　　　)。

十五分(じゅうごふん)ぐらい電車(でんしゃ)にのります。

さくら駅(えき)から三(みっ)つ目(め)のあさひ駅(えき)で電車(でんしゃ)を(내립니다　　　　　　　)。

あさひ駅(えき)から学校(がっこう)まであるいて十分(じゅっぷん)ぐらいです。

たいてい7時(じ)40分(ぷん)ごろ学校(がっこう)につきます。

나는 매일 아침 7시에 집을 나옵니다.
집에서 역까지 걷습니다.
8분 정도 걸립니다.
사쿠라역에서 전철을 탑니다.
15분 정도 전철을 탑니다.
사쿠라역에서 세 번 째인 아사히역에서 전철을 내립니다.
아사히역에서 학교까지 걸어서 10분 정도 입니다.
대개 7시 40분 쯤 학교에 도착합니다.

新단어 出(で)る나오다　歩(ある)く걷다　かかる걸리다　~に のる~를 타다
ぐらい정도　降(お)りる내리다　~に つく~에 도착하다

bonus T·I·P ►► 접객에 필요한 한마디

▪ **손님을 맞이할 때**
いらしゃいませ。어서 오십시오.

▪ **아침에 손님과 마주쳤을 때**
おはようございます。안녕하세요.

▪ **저녁에 손님과 마주쳤을 때**
お休(やす)みなさいませ。안녕히 주무세요.

▪ **객실을 나올 때**
ごゆっくり。どうぞ。편히 쉬십시오.

▪ **손님이 호텔을 떠날 때**
ありがとうございました。감사합니다.

▪ **손님이 호텔로 돌아왔을 때**
お帰(かえ)りなさいませ。잘 다녀오셨습니다.

▪ **손님과 동행할 때**
お供(とも)させていただきます。같이 동행하겠습니다.

▪ **사과할 때**
申(もう)し訳(わけ)ございません。죄송합니다.

▪ **의뢰할 때**
恐(おそ)れ入(い)りますが、お［동사의 ます형］くださいませ。
죄송합니다만, ~해 주십시오

▪ **의뢰 받았을 때**
かしこまりました。잘 알겠습니다.

恐(おそ)れ入(い)りますが、お［동사의 ます형］いたしかねます。
죄송합니다만, ~하기가 곤란합니다.(할 수 없습니다)

JAPAN INFO

일본인의 특별한 관념 『内(안)』와 『外(밖)』

일본사회나 일본어는 「ウチ(안)」와 「ソト(밖)」의 개념을 파악하고 있어야 한다. 「ウチ」는 '안쪽'을 뜻하는 말로 자신이 속해 있는 사회나 가족, 집단을 의미한다. 「そと」는 '바깥쪽'을 뜻하며 자신이 속해 있지 않는 사회나 가족, 집단을 의미한다. 때문에 일본 사람들은 '밖'에서 온 사람들에게는 철저히 '손님' 대접을 하며 친절하게 대한다. 한국사람 입장에서는 극진한 대우를 받으면 처음에는 좋은듯한데 왠지 일정한 거리감을 두고 대하기 때문에 속을 알 수 없다는 불평을 하기도 한다.

때문에 일본어의 경어표현에는 철저하게 「ウチ」와 「ソト」의 개념을 가려서 사용한다. 우리 쪽 사람은 무조건 낮추고, 상대방 쪽은 무조건 높이는 것이 우리말과 다르다. 우리 사장님도 거래처의 '바깥쪽' 사람에게는 상대의 지위와 상관없이 무조건 낮추며, 우리 어머니나 아버지도 상대에 대해 낮추어 말해야 한다.

특히, 일본인을 손님으로 맞이해야 하는 관광관련 서비스업의 경우 「ウチ」와 「ソト」의 개념이 중요하다. 한국어의 절대경어법을 그대로 사용하여 서비스하는 쪽까지 높여 말하는 경어를 쓰게 되면 거부감을 주게 된다. 경어의 높임말과 낮춤말의 기준이 되는 「ウチ」와 「ソト」의 구분법을 살펴보자.

「身内(미우치)」관계는 일상적으로 친근한 관계로 가족, 친구, 동료 사이를 말한다. 예사말로 말하며 조사도 자주 생략한다. 「ウチ」는 학교나 회사 등의 소속집단에 의해 생기는 관계로 집단의 질서를 유지하기 위해 상하관계가 존재하므로 선배나 상사, 후배 등 모든 인간관계에서 두루 쓰이는 가장 무난한 말투는 「です、ます」의 공손한 말이다. 「ソト」는 처음 만난 사람, 잘 모르는 사람, 손님 등과 같은 관계로 나이나 지위에 상관없이 격식을 차린 공대말을 사용한다. 공대말 어법은 비즈니스 등의 접객대화가 대표적으로 해당되며 상대방을 높이는 「~でございます」와 같은 '높임체', 자기 쪽을 낮추는 '겸양체' 정중한 표현의 '공손체' 말투가 있다.

5 入国手続き(にゅうこくてつづき)

학습포인트

1. 『～て　ください』 ～해 주세요
2. 동작의 목적을 나타내는 『～に』 ～하러
3. ～泊(はく)～日(にち)　～박 ～일

단어

入国(にゅうこく) 입국
審査員(しんさいん) 심사원
パスポート 여권
カード 카드
見(み)せてください 보여 주세요
目的(もくてき) 목적
何(なん) 무엇
観光(かんこう) 관광
旅行(りょこう) 여행
何日(なんにち) 며칠
予定(よてい) 예정
二泊三日(にはくみっか) 2박3일
連絡先(れんらくさき) 연락처
ロッテホテル 롯데호텔
けっこうです 됐습니다

入国審査員：パスポートと入国カードを見せてください。

山田：はい。

入国審査員：入国の目的は何ですか。

山田：観光旅行に来ました。

入国審査員：何日の予定ですか。

山田：二泊三日です。

入国審査員：連絡先はどこですか。

山田：ロッテホテルです。

入国審査員：はい、結構です。

입국심사원 : 여권과 입국카드를 보여주세요.

야마다 : 네.

입국심사원 : 입국목적은 무엇입니까?

야마다 : 관광여행하러 왔습니다.

입국심사원 : 며칠 예정입니까?

야마다 : 2박3일입니다.

입국심사원 : 연락처는 어디입니까?

야마다 : 롯데호텔입니다.

입국심사원 : 네, 됐습니다.

문법노트

1 동사의 『~て형』 고치기

동사에 ~て(~하고/해서)가 연결될 때는 ます형에 접속되는데 Ⅰ그룹동사의 경우는 단어의 끝음절에 따라 음의 변화가 일어난다. 이는 음을 편하게 발음하기 위한 것으로 '음편형'이라 한다. 음편형은 Ⅰ그룹동사에 만 생기는 현상이다.

동사의 종류		사전형 (~다)	ます형 (~합니다)	て형 (~고/~서)	어미변화
Ⅰ그룹동사	イ음편	書(か)く쓰다	かきます	かいて	「ーく/ーぐ」 ⇒ 「ーいて/ーいで」
		泳(およ)ぐ수영하다	およぎます	およいで	
		行(い)く*가다	いきます*	いって*	예외
	ツ(促音(そくおん))음편	買(か)う사다	かいます	かって	「ーう/ーつ/ーる」 ⇒「ーって」
		立(た)つ서다	たちます	たって	
		帰(かえ)る돌아가다	かえります	かえって	
	ン(撥音(はつおん))음편	死(し)ぬ죽다	しにます	しんで	「ーぬ/ーぶ/ーむ」 ⇒「ーんで」
		呼(よ)ぶ부르다	よびます	よんで	
		読(よ)む읽다	よみます	よんで	
	무음편	話(はな)す말하다	はなします	はなして	음편 없음
Ⅱ그룹동사		起(お)きる일어나다	おきます	おきて	음편 없음
		寝(ね)る자다	ねます	ねて	
Ⅲ그룹동사		くる오다	きます	きて	음편 없음
		する하다	します	して	

주의 行(い)く는 예외동사로 イ음편이 아니고 ツ(촉음)편이다.

2 『~て ください』 ~해 주세요(부탁, 지시, 명령)

航空券を見せてください。항공권을 보여 주세요.

身分証明書を見せてください。신분증명서를 보여주세요.

あしたは7時まで1階のロビーに集まってください。

내일은 7시까지 1층 로비에 모여 주십시오.

新단어 集まる모이다

3 『동사의 ます형/동작성명사+に行く/来る』

~하러 가다/오다

韓国へは何をしに来ましたか。

한국에는 무엇을 하러 왔습니까?

日本へ語学研修に行きます。 ☞ 보너스팁 참조

일본에 어학 연수하러 갑니다.

4 『二泊三日』 2박 3일

日曜日は家族と日帰りで釜山まで旅行をしました。

일요일은 가족과 당일치기로 부산까지 여행을 했습니다.

来週は三泊四日で北海道を旅行するつもりです。

다음 주는 3박4일로 홋카이도를 여행할 생각입니다.

新단어 何泊何日몇박며칠 一泊二日1박2일 四拍五日4박5일 五泊六日5박6일

연 습 문 제 ▶▶

1 다음 단어를 ます형과 て형으로 고쳐 봅시다.

(1) 言(い)う 말하다 → 말합니다 → 말하고, 말해서

(2) 泳(およ)ぐ 헤엄치다 → 헤엄칩니다 → 헤엄치고, 헤엄쳐서

(3) 待(ま)つ 기다리다 → 기다립니다 → 기다리고, 기다려서

(4) 食(た)べる 먹다 → 먹습니다 → 먹고, 먹어서

(5) 来(く)る 오다 → 옵니다 → 오고, 와서

(6) 買(か)う 사다 → 삽니다 → 사고, 사서

(7) 案内(あんない)する 안내하다 → 안내합니다 → 안내하고, 안내해서

(8) 話(はな)す 이야기하다 → 이야기합니다 → 이야기하고, 이야기해서

2 다음 (　　) 안의 단어를 보기와 같이 ______에 고쳐 써봅시다.

보기

パスポートを見せてください。(見せる 보여 주다)
여권을 보여주세요.

(1) 名前を__________ください。(書く) 성함을 써주세요.

(2) 写真を __________ください。(とる) 사진을 찍어주세요.

(3) 荷物を__________ください。(持つ) 짐을 들어주세요.

(4) 薬を__________ください。(のむ) 약을 먹으세요.

3 보기와 같이 연습해 봅시다.

보기

A：旅行は何日の予定ですか。
B：一泊二日です。

(1) A：出張は何日の予定ですか。

B：__________ です。(3박4일)

(2) A：観光は何日の予定ですか。

B：__________ です。(당일)

(3) A：家族旅行は何日の予定ですか。

B：__________ です°(5박6일)

bonus TIP ►► 「동작성명사+に」~하러

동사의 「ます형」이나 '동작성을 내포하고 있는 명사'에 조사 「~に」가 오면 '동작의 목적'을 나타낸다. 우리말로 '~하러'로 해석 된다. 뒤에는 「行(い)く오다/来(く)る가다/帰(かえ)る돌아오(가)다」같은 '이동동사'가 오는 것이 일반적이다. 여기서는 동작성 명사를 살펴보자.

出張(しゅっちょう)に行(い)く　출장하러 가다

研修(けんしゅう)に行(い)く 연수하러 가다

デートに行(い)く 데이트하러 가다

釣(つ)りに行(い)く 낚시하러 가다

スキーに行(い)く 스키타러 가다

旅行(りょこう)に行(い)く 여행하러 가다

運動(うんどう)に行(い)く 운동하러 가다

話(はな)しに行(い)く 이야기하러 가다

面接(めんせつ)に行(い)く 면접하러 가다

勉強(べんきょう)に行(い)く 공부하러 가다

相談(そうだん)に行(い)く 상담하러 가다

検査(けんさ)に行(い)く 검사하러 가다

散歩(さんぽ)に行(い)く 산보하러 가다

JAPAN INFO

일본인의 「建前(명분)」과 「本音(속내)」

일본인은 자기의 생각을 잘 나타내지 않는다. 직접적인 말을 피하고 간접적이고 우회적으로 말한다. 남의 생각이나 부탁을 거절하는 일에 대해 일본인은 강한 심리적 저항을 느낀다. 어떤 사람의 의견이나 의뢰에 대해 'NO'라고 말하는 것은 그 사람 인격을 부정하는 것이며, 결과적으로 그 사람과의 인간관계를 손상시키는 것이라고 느끼기 때문이다.

그래서 일본인과 대화를 할 때는 「**そうですね**(그렇군요)」라고 해도 그것이 정말로 긍정을 하고 있는지 아니면 단순한 **社交事例**(인사치레)인지 분간이 잘 안될 때도 있다. 뿐만 아니라 일본인들은 거절할 일이 있을 때 「**ちょっと** '좀'」「**かもしれない**'일지도 모른다'」「**かんがえてみる**'생각해 보다'」「**~たいんですけど**'~하고 싶습니다만'」 등의 애매한 표현을 쓰고 있다.

이처럼 일본인은 공적인 자리이거나 소속 집단 이외의 사람과 인간관계를 맺을 때에는 집단 논리에 의해 '**建前**(의례적인 태도)'로 대하고 동일 집단 내의 친한 사이일 때는 '**本音**(속마음)'로 털어 놓는다.

6 税関検査(ぜいかんけんさ)

학·습·포·인·트

1. 동작의 경유점을 나타내는 『~から』 ~으로 부터
2. ~目(め) ~째(접미어)
3. 『~するものは　ありませんか』 ~할 것은 없습니까
4. 『~しなければ　ならない』~해야 한다(당연/의무)

단어

税関検査(ぜいかんけんさ) 세관검사	何(なに)か 무언가
税関員(ぜいかんいん) 세관원	申告(しんこく)する 신고하다
どちら 어디	もの 것
から ~으로 부터(~에서)	~は　ありませんか ~은 없습니까?
日本(にほん) 일본	カメラ 카메라
韓国(かんこく) 한국	~なければなりません ~해야 한다
初(はじ)めて 처음	いいです 좋습니다, 됐습니다
いいえ 아니오	よ ~요
二回目(にかいめ) 두 번 째	どうぞ 가시죠

税関員 ： どちらからですか。

山田　 ： 日本です。

税関員 ： 韓国は初めてですか。

山田　 ： いいえ、二回目です。

税関員 ： 何か申告するものはありませんか。

山田　 ： このカメラも申告しなければなりませんか。

税関員 ： いいえ、それは いいですよ。 どうぞ。

세관원　 : 어디서 오셨나요?

야마다　 : 일본입니다.

세관원　 : 한국은 처음인가요?

야마다　 : 아뇨, 두 번째입니다.

세관원　 : 무언가 신고할 것은 없습니까?

야마다　 : 이 카메라도 신고해야 합니까?

세관원　 : 아뇨, 그건 괜찮습니다. 가시죠.

문법노트

1 『~から』 ~으로(부터) (경유하는 장소를 나타냄)

玄関から入ってください。현관으로 들어와 주십시오

窓からゴミを捨てないでください。창문으로 쓰레기를 버리지 마세요.

新단어 入る들어오다　捨てる버리다

2 접미어 『~目』 ~째(순번)

入社手して今年で三年目です。입사해서 올 해로 3년째입니다.

このビルの五軒目が銀行です。　이 빌딩의 다섯 번째 건물이 은행입니다.

後ろから二人目の人は真由美さんです。뒤에서 두 번째 사람이 마유미씨입니다.

新단어 ~軒 ~채(집을 세는 단위)

3 『~するものは　ありませんか』 ~할 것은 없습니까?

証拠として提出するものはありませんか。증거로 제출할 것은 없습니까?

新단어 として~로서/로써　提出する제출하다

4 『동사의 ない형+なければならない』

~해야 한다. ~하지 않으면 안 된다 [당연/의무]

10時の便で日本へ帰らなければなりません。10시 비행기편으로 일본에 가야 합니다.

お土産を買わなければなりません。 선물을 사야합니다

5 『~ない형』 고치기

동사에 부정의 조동사 ~ない(~않다)가 연결될 때는 동사의 종류에 따라 아래의 표와 같이 바뀐다.

동사의 종류	기본형 (~다)	정중체(ません) (~지 않습니다)	ない형 (~지 않다)	어미변화
Ⅰ그룹동사	買う사다	かいません	かわない	어미「ウ」단 ⇒「ア」단 + ない
	泳ぐ수영하다	およぎません	およがない	
	話す말하다	はなしません	はなさない	
	立つ서다	たちません	たたない	
	死ぬ죽다	しにません	しなない	
	呼ぶ부르다	よびません	よばない	
	読む읽다	よみません	よまない	
	帰る돌아가다	かえりません	からない	
	ある*있다	ありません	ない*없다	
Ⅱ그룹동사	起きる일어나다	おきません	おきない	어미「る」탈락 + ない
	寝る자다	ねません	ねない	
Ⅲ그룹동사	くる오다	きません	こない	불규칙
	する하다	しません	しない	

朝ごはんはほとんど食べないです(食べません)。

아침밥은 거의 먹지 않습니다.

運動はあまりしないです(しません)。운동은 그다지 하지 않습니다.

バスがなかなかこないです(きません)。버스가 좀처럼 오지 않습니다.

연습문제 ▶▶

1 다음 단어를 보기와 같이 고쳐 봅시다.

> **보기**
> 買(か)う 사다 → かわない 사지 않다 → かわなければ 사지 않으면

(1) 言(い)う 말하다	→	말하지 않다	→	말하지 않으면
(2) 待(ま)つ 기다리다	→	기다리지 않다	→	기다리지 않으면
(3) 食(た)べる 먹다	→	먹지 않다	→	먹지 않으면
(4) 来(く)る 오다	→	오지 않다	→	오지 않으면
(5) 買(か)う 사다	→	사지 않다	→	사지 않으면
(6) 案内(あんない)する 안내하다	→	안내하지 않다	→	안내하지 않으면
(7) 話(はな)す 이야기하다	→	이야기하지 않다	→	이야기하지 않으면

2 보기와 같이 고쳐 봅시다.

보기

切手をはる 우표를 붙이다
⇒ 手紙を出すときは切手をはらなければなりません。
편지를 부칠 때는 우표를 붙여야 합니다.

(1) 消費税を払う 소비세를 내다
⇒ 買い物するときは ______________________。
쇼핑할 때는 소비세를 내야 합니다.

(2) 正装をする 정장을 하다
⇒ 高級レストランでは ______________________。
고급 레스토랑에서는 정장을 해야 합니다.

(3) スプーンを使う 스푼을 사용하다
⇒ご飯を食べるときは ______________________。
밥을 먹을 때는 숟가락을 사용해야 합니다

(4) タクシーで行く
⇒ 空港まで ______________________。
공항까지 택시로 가야 합니다.

新단어 切手をはる우표를 붙이다 消費税소비세 払う지불하다 買い物쇼핑
正装정장 高級고급 レストラン레스토랑 スプーン숟가락 使う사용하다 空港공항

bonus T·I·P ▶▶ 입국수속절차

1 検疫(けんえき)・入国手続(にゅうこくてつづ)き(검역·입국수속)

여권을 확인하고 겸역과 입국수속을 행한다.

▼

2 手荷物受(てにもつう)け取(と)り(수하물인도)

수하물인도장의 안내판에서 항공사 및 편명을 확인하고 수하물을 인수한다.

▼

3 税関検査(ぜいかんけんさ)(세관검사)

수하물을 가진 채로 세관검사장으로 이동하여 휴대품을 신고하고 검사를 받는다.

▼

4 到着(とうちゃく)ロビーへ(도착로비로)

도착로비로 이동한다.

JAPAN INFO

일본인의 선물문화

일본 사람들은 일상생활에서 작은 선물을 주고받으며 유대감을 다진다. 선물을 할 때는 대개 비싸지 않은 실용적인 물건을 마련한다. 「つまらないものですが」「おそまつさまですが」 '변변치 못합니다만'이라고 말하며 건네는데 먹는 방법이나 쓰는 방법을 자세히 일러주는 것이 예의라고 생각한다. 또한, 일본인은 주고 「あげる」 받는 「もらう」 관계를 항상 염두에 두기 때문에 물건을 받게 되면 가까운 시일 안에 이에 대한 보답으로 선물을 한다. 선물로 답례를 하지 않는 경우라도 그 다음 번에 만나게 되면 「この間はどうもありがとうございました」라고 말로 인사를 하는 것이 상식이다.

도쿄지방에서는 이사를 하면 집주인이나 이웃집에 そば(메밀국수)를 선물하는데 이를 「引っ越しそば」라고 한다. 여행이나 출장을 다녀오면서 기념으로 선물을 사서 친분이 있는 사람에게 건네거나 남의 집을 방문할 때 그 지방의 특산물(차, 과자, 술 따위)를 사서 주는 선물은 お土産라고 한다.

일 년에 두 번 7월 중순과 12월 중순경에 평소에 신세 진 분들께 선물을 하는 습관이 있는데 이를 お中元(오츄겐)과 お歳暮(오세이보)라고 하며 주로 '먹거리'를 선물한다. 이때는 백화점 등에서 대대적인 광고를 하며 고객유치에 힘을 쏟는다. 결혼식이나 장례식의 引き出物 답례품으로는 생활용품, 음식물, 도자기, 양주 등을 주로 선물하며 이러한 선물을 통칭해서 贈り物라고 한다.

생일, 입학, 졸업 때 주고받는 선물은 プレゼント라고 하며 학용품, 장신구, 인형 등을 선물한다.

7 両替(りょうがえ)

학·습·포·인·트

1. 『お/ご~ください』 ~해 주십시오<존경어>
2. 동사의 가능표현

단어

両替(りょうがえ) 환전
銀行員(ぎんこういん) 은행원
いらっしゃいませ 어서오십시오
円(えん) 엔(일본통화)
ウォン 원
できる 할 수 있다
お~ 존경/미화의 접두어
いくら 얼마
全部(ぜんぶ) 전부
札(さつ) 지폐
~で よろしいですか ~로 괜찮습니까
確(たし)かめる 확인하다
お~ください ~해 주십시오
どうぞ 부디
どうも 매우 고맙습니다

銀行員：いらっしゃいませ。

山田　：円をウォンに両替できますか。

銀行員：はい、できます。おいくらですか。

山田　：十万円です。

銀行員：全部、一万ウォン札でよろしいですか。

山田　：一万ウォンは千ウォン札でお願いします。

銀行員：はい、どうぞ。 お確かめください。

山田　：どうも。

은행원 : 어서 오십시오.

야마다 : 엔을 원으로 바꿀 수 있나요?.

은행원 : 네. 가능합니다. 얼마인가요?

야마다 : 10만 엔입니다.

은행원 : 전부 만 원짜리로 괜찮습니까?

야마다 : 만원은 천 원짜리로 부탁합니다,

은행원 : 네, 여기 있습니다. 확인해 주십시오.

야마다 : 고맙습니다.

문법노트

1 『お/ご~ください』 ~해 주십시오(존경 표현)

「~て　ください」(~해 주십시오)보다 정중한 경어 표현법이다.

お	동사의 ます형	ください
ご	동작성명사	

少々 お待ちください。 잠시 기다려주십시오

ご連絡ください。 연락해 주십시오.

新단어 少々 잠깐

2 『~でよろしいですか』 ~로 괜찮으시겠습니까?(존경 표현)

손님에게 동의를 구하는 표현으로는 「お+동사의 ます형+してもよろしいでしょうか(~해도 될까요)」의 형태도 많이 쓰인다. 「~てもいいですか」의 경어 표현으로 보면 된다.

デザートはアイスクリムでよろしいでしょうか。디저트는 아이스크림으로 괜찮겠습니까?

お下げしてもよろしいでしょうか。치워도 괜찮겠습니까?

こちらのお席でよろしいでしょうか。이 자리로 괜찮겠습니까?

次の料理をお持ちしてもよろしいでしょうか。다음 요리를 가져와도 괜찮겠습니까?

かばんはこちらに置いてもよろしいでしょうか。가방은 여기에 두어도 괜찮겠습니까?

3 동사의 가능표현

동사를 '~할 수 있다'로 만들 때는 2가지 방법이 있다.

(1) 동사의 기본형 + ことが できる　~하는 것이 가능하다

鈴木さんは韓国語を話すことができます。 스즈키씨는 한국어를 말할 수 있습니다.

妹は英語を教えることができます。여동생은 영어를 가르칠 수 있습니다.

お寺を案内することができます。절을 안내할 수 있습니다.

(2) 동사를 직접 가능형으로 만든다

동사의 종류	사전형 (~다)	ます형 (~합니다)	가능형 (~할 수 있다)	만드는 법
Ⅰ그룹동사	買う사다	かいます	かえる	어미「う」단을 「え」단으로 고치고 + る
	書く쓰다	かきます	かける	
	泳ぐ수영하다	およぎます	およげる	
	話す말하다	はなします	はなせる	
	持つ들다	もちます	もてる	
	死ぬ죽다	しにます	しねる	
	呼ぶ부르다	よびます	よべる	
	読む읽다	よみます	よめる	
	帰る돌아가다	かえります	かえれる	
Ⅱ그룹동사	起きる일어나다	おきます	おきられる	어미「る」를 떼고 + られる
	食べる	たべます	たべられる	
	見る	みます	みられる	
	寝る자다	ねます	ねられる	
Ⅲ그룹동사	くる오다	きます	こられる	불규칙
	する하다	します	できる	

주의 모든 가능동사는 목적격조사를 「~を」 대신에 「~が」를 취한다.

잠깐! 聞こえる들리다 見える보이다　わかる알다　같은 자동사도 가능의 뜻이 있다.

연습문제

1 다음 단어를 2가지 가능표현으로 고쳐 봅시다.

보기

読(よ)む → 読(よ)むことができる → 読(よ)める
읽다 읽을 수 있다 읽을 수 있다

(1) 言(い)う 말하다 → 말할 수 있다 → 말할 수 있다

(2) 泳(およ)ぐ 헤엄치다 → 헤엄칠 수 있다 → 헤엄칠 수 있다

(3) 待(ま)つ 기다리다 → 기다릴 수 있다 → 기다릴 수 있다

(4) する 하다 → 할 수 있다 → 할 수 있다

2 보기와 같이 고쳐 봅시다.

보기

あなたは漢字(かんじ)が＿よめ＿ますか。(読(よ)む)
당신은 한자를 읽을 수 있습니까?

(1) 漢字(かんじ)で自分(じぶん)の名前(なまえ)が＿＿＿＿ますか。(書(か)く)
한자로 자신의 이름을 쓸 수 있습니까?

(2) ここで写真が________ますか。(とる)

여기서 사진을 찍을 수 있습니까?

(3) 英語が________ますか。(話す)

영어를 말할 수 있습니까?

3 보기와 같이 '~해 주세요'를 경어 표현으로 고쳐 봅시다.

보기

客室まで案内してください。

↳ 客室までご案内ください。

객실까지 안내해 주십시오.

(1) 集める

↳ ソウルの観光情報を____________。

서울의 관광정보를 모아주십시오.

(2) 集まる

↳ 7時までにロビーに____________。

7시까지 로비에 모여 주십시오.

(3) 乗る

↳ 空港までタクシーに乗____________。

공항까지 택시를 타 주십시오.

bonus TIP ▶▶ 형용사어휘/부사어휘의 경어

일반적으로 형용사에는 「お」를 붙이지 않지만 주로 감정을 나타내는 형용사에서 「お」를 붙여 경어로 사용하기도 한다.

安(やす)い 비싸다 → お安(やす)い 비싸다

早(はや)い 빠르다 → お早(はや)い 빠르다

早(はや)めに 일찍, 일찌감치 → お早(はや)めに 일찍, 일찌감치

忙(いそが)しい 바쁘다 → お忙(いそが)しい 바쁘다

いい 좋다, 괜찮다 → よろしい、けっこうだ 좋다, 괜찮다

すぐ(に)、直(ただ)ちに 곧 → ただいま、早速(さっそく)、早急(さっきゅう)に 곧

さっき 방금 전에 → のち先(さき)ほど 방금 전에

先(さき)に 먼저 → お先(さき)に 먼저

後(あと)で 나중에 → のちほど 나중에

これから 지금부터 → 今後(こんご)、これより 지금부터

とても 매우, 무척 → 大変(たいへん)、非常(ひじょう)に 대단히

すこし、ちょっと 잠깐 → 少々(しょうしょう) 잠깐

いくら 얼마 → おいくら 얼마

どんな 어떤 → どのような 어떤

本当(ほんとう)に 정말로 → 誠(まこと)に 진심으로

どう 어떻게 → いかが 어떻게

ゆっくり 천천히 → ごゆっくり 편히

☞ 다음 형용사는 「ございます」와 연결되어 인사말로 쓰인다.
ありがたい → ありがとうございます 고맙습니다.
めでたい → おめでとうございます 축하합니다.

JAPAN INFO

일본의 화폐

일본의 통화단위는 엔(円)이다. 주화는 1엔, 5엔, 10엔, 50엔, 100엔, 500엔 등 6종류가 있으며, 지폐는 1000엔, 2000엔, 5000엔, 10000엔 4종류가 있다. 일본사람들은 1엔이나 5엔짜리 동전을 유용하게 쓰고 있는데 물건을 살 때 따로 5%의 소비세를 내야하기 때문이다. 또한, 5엔은 '고엔'으로 발음하는데 御縁(ごえん)(좋은 인연)과 그 발음이 같아서 '복돈'으로 인식되어 신사에 세전을 받칠 때 자주 이용된다.

기존의 천엔권의 모델인 夏目漱石(なつめそうせき)(1867-1916)는 평론가겸 영문학자로 일본인들이 가장 사랑하는 국민작가이다. 대표작은 **ぼっちゃん**(도련님)과 **それから**(그리고), **こころ**(마음) 등이다. 2004년부터 신권이 발행되어 세균학자인 野口英世(のぐちひでよ)(1876-1928)로 바뀌었다. 그는 매독을 일으키는 병원체인 '트레포네마 팔리듐'을 처음으로 발견하여 노벨상을 받은 인물이다.

서기 2000년을 기념하여 전면에 세계문화유산인 오키나와의 수리성과 뒷면에 겐지모노가타리 그림을 새긴 이천엔권이 한시적으로 발행된 적이 있다.

오천엔권은 이전의 인물은 新渡戸稲造(にとべいなぞう)(1862-1933)였으며 탁월한 외국어능력과 외교능력을 지닌 외교관이자 교육가였다. 국제연맹사무차장을 역임했고 일본이란 나라를 국제사회에서 이해시키는데 일생을 바쳤다. 신권에서는 여류작가인 樋口一葉(ひぐちいちよう)(1876-1896)로 바뀌었다.

만엔권의 福沢諭吉(ふくざわゆきち)(1835~1901)는 탈아시아와 서구문물의 적극적인 도입을 주장한 계몽사상가로 서양문명을 당시 젊은이들에게 가르친 대표적인 인물이다. 일본의 사립 명문인 慶応義塾大学(けいおうぎじゅくだいがく)(케이오대학)의 창시자다. 대표작에 『西洋事情(せいようじじょう)』(서양사정) 『学問(がくもん)のすすめ』(학문에의 권유) 등이 있다.

8 乗(の)り物(もの)

학·습·포·인·트

1. 희망을 나타내는 『~たい』 ~하고 싶다
2. 『ぐらい』 정도(시간, 금액, 수량)
3. 『~でしょう』 추측

단어

乗り物(のりもの) 탈 것
運転手(うんてんしゅ) 운전수
お客さん(おきゃくさん) 손님
どちら 어디
品川(しながわ) 시나가와(지명)
プリンスホテル 프린스호텔
まで 까지
行(い)く 가다
たい ~하고 싶다
ね ~말이죠(동의)
かしこまりました 잘 알겠습니다
どの 어느
ぐらい 정도
かかる (시간, 비용이) 걸리다, 들다
渋滞(じゅうたい) 정체
~じゃなければ ~이/가 아니라면
だいたい 대체로
~分(ふん) ~분
~でしょう 이겠죠

運転手(うんてんしゅ)： お客(きゃく)さん、どちらまでですか。

山田(やまだ) ： あの、品川(しながわ)プリンスホテルまで行(い)きたいですが。

運転手(うんてんしゅ)： 品川(しながわ)プリンスホテルですね。

山田(やまだ) ： はい。

運転手(うんてんしゅ)： かしこまりました。

山田(やまだ) ：ホテルまで、 どのぐらいかかりますか。

運転手(うんてんしゅ)： 渋滞(じゅうたい)じゃなければ だいたい20分ぐらいでしょう。

山田(やまだ) ： あ、そうですか。 どうも。

운전사 : 손님, 어디까지 가십니까?

야마다 : 저 시나가와 프린스호텔까지 가고 싶은 데요

운전사 : 시나가와 프린스호텔말이지요?

야마다 : 네.

운전사 : 잘 알겠습니다.

야마다 : 호텔까지 얼마나 걸리나요?

운전사 : 정체만 아니면 대체로 20분 정도겠죠.

야마다 : 네, 그래요. 고맙습니다.

문 법 노 트

1 『~たい』 ~하고 싶다(희망의 조동사)

조동사 「~たい」는 동사의 「ます형」에 연결되어 말하는 사람의 '희망/소망'을 나타낸다.

동사의 종류	사전형 (~다)	ます형 (~합니다)	たい형 (~하고 싶다)	만드는 법
Ⅰ그룹동사	買(か)う사다	かいます	かいたい	어미 「う」 단을 「い」 단으로 고치고 + たい
	書(か)く쓰다	かきます	かきたい	
	泳(およ)ぐ수영하다	およぎます	およぎたい	
	話(はな)す말하다	はなします	はなしたい	
	持(も)つ들다	もちます	もちたい	
	死(し)ぬ죽다	しにます	しにたい	
	呼(よ)ぶ부르다	よびます	よびたい	
	読(よ)む읽다	よみます	よみたい	
	帰(かえ)る돌아가다	かえります	かえりたい	
Ⅱ그룹동사	起(お)きる일어나다	おきます	おきたい	어미 「る」를 떼고 + たい
	食(た)べる먹다	たべます	たべたい	
	見(み)る보다	みます	みたい	
	寝(ね)る자다	ねます	ねたい	
Ⅲ그룹동사	くる오다	きます	きたい	불규칙
	する하다	します	したい	

주의 조동사 「たい」는 직접적이거나 생리적 욕구 등을 나타낼 때 목적격조사는 「~を」 대신에 「~が」를 취한다.

冷(つめ)たいお水(みず)が飲(の)みたいです。 시원한 물을 마시고 싶습니다.

部屋(へや)を予約(よやく)したいです。 방을 예약하고 싶습니다.

冬休(ふゆやす)みに 友(とも)だちと北海道(ほっかいどう)に行(い)きたいです。 겨울방학에 친구와 유럽에 가하고 싶습니다.

조동사「~たい」의 활용은 い형용사의 활용과 같다.

	긍정표현	부정표현
현재형	동사의 ます형+たいです (~하고 싶습니다)	동사의 ます형+たく ないです (~하고 싶지 않습니다)
과거형	동사의 ます형+たかったです (~하고 싶었습니다)	동사의 ます형+たくなかったです (~하고 싶지 않았습니다)

ブルゴギが食べたいです。불고기를 먹고 싶습니다.

ボシンタンはあまり食べたくないです。보신탕은 그다지 먹고 싶지 않습니다.

沖縄にも行きたかったです。오끼나와에도 가고 싶었습니다.

それだけはしたくなかったです。그것만은 하고 싶지 않았습니다.

2 『ぐらい』 정도(시간, 금액, 수량)

旅行は何日ぐらいですか。여행은 며칠 정도입니까?

宿泊代はいくらぐらいですか。숙박요금은 얼마 정도입니까?

千ウォン札5枚ぐらいありますか。천 원짜리 5장 정도 있습니까?

3 『~でしょう』 ~이겠죠(주관적 추측)

A : このごろ田中さんが見えませんね。요즘 다나카씨가 안보이네요.

B : たぶんニューヨークでしょう。아마 뉴욕에 있겠죠

今度の試合では日本のチームが勝つでしょう。이번 시합에서는 일본팀이 이기겠죠.

4 『ね』 종조사(동의, 확인)

A : おもしろい映画でしたね。재미있는 영화였죠?

B : ほんとうに素晴らしかったですね。정말로 멋진 영화였죠.

연 습 문 제

1 보기와 같이 고쳐 봅시다.

보기

A：週末は何をしますか。

주말은 무엇을 합니까?

B：家族と釜山に<u>行きたいです</u>。(行く)

가족과 부산에 가고 싶습니다.

(1) A：パーティの飲み物は何がいいですか。

파티 때의 음료는 무엇이 좋습니까?

B：パーティならワインが ____________ ね。(のむ)

파티라면 와인을 마시고 싶군요.

(2) A：ホテルはどこがいいですか。

호텔은 좋습니까?

B：ロッテホテルに____________ね。(泊る)

롯데호텔에 묵고 싶군요.

(3) A：どんな料理がいいですか。

호텔은 좋습니까?

B：タイ料理が____________ね。(食べる)

롯데호텔에 묵고 싶군요.

新단어 週末주말 何무엇 パーティ파티 飲み物음료수 ワイン와인 料理요리 タイ태국

2 밑줄 친 곳을 바꿔 연습해 봅시다.

보기

A：お客さん、どちらまでですか。
손님, 어디까지 입니까?
B：<u>空港</u>までお願いします。
공항까지 부탁합니다.
A：何分ぐらいかかりますか。
몇 분 정도 걸립니까?
B：<u>30分</u>ぐらいでしょう。
30분 정도겠죠.

(1) ソウル駅　40分

(2) リムジンバス乗り場　15分

(3) 国立博物館　20分

(4) ミョンドン　10分

新단어　空港공항　国立博物館국립박물관　ミョンドン명동

bonus T·I·P ▶▶ 교통관련어휘

バスターミナル	버스터미널	交差點(こうさてん)	교차로
リムジンバス	리무진버스	地下鐵(ちかてつ)	지하철
貸し切りバス(かしきりバス)	전세버스	始発(しはつ)	첫차
ハトバス	하토버스(도쿄관광버스)	終電(しゅうでん)	막차
観光バス(かんこうバス)	관광버스	乗り換え(のりかえ)	갈아타기
徐行(じょこう)	서행	方面(ほうめん)	방면
切符売り場(きっぷうりば)	표 파는 곳	急行列車(きゅうこうれっしゃ)	급행열차
終點(しゅうてん)	종점	快速列車(かいそくれっしゃ)	쾌속열차
高速道路(こうそくどうろ)	고속도로	普通列車(ふつうれっしゃ)	보통열차
有料道路(ゆうりょうどうろ)	유로도로	飛行機(ひこうき)	비행기
追越禁止(おいこしきんし)	추월금지	船(ふね)	배
通行禁止(つうこうきんし)	통행금지	タクシー	택시

JAPAN INFO

일본의 주요교통수단

일본은 전국을 철도망으로 연결한 철도강국이다. 초고속 신칸센에서부터 특급, 급행, 쾌속, 보통 등 다양한 등급의 기차가 일본열도를 달린다.

신칸센은 1964년 10월 1일 도쿄 올림픽을 기념하여 도쿄와 신오사카 사이에 개통된 세계 최초의 고속철도 노선이다. 일본의 대표적인 교통수단으로 시속 240~300km의 속력으로 전국의 주요 대도시 지역을 연결한다.

JR은 Japan Railways의 준말이며, 1987년 4월 1일에 일본국유철도(국철)가 민영화되면서 발족한 7개의 주식회사의 총칭이다. JR은 일본의 주요 도시와 근교의 중심지를 연결하는 근거리노선과 장거리노선을 함께 운영하고 있다.

도쿄, 오사카, 교토, 나고야, 요코하마, 삿포로, 후쿠오카, 고베, 센다이 등 9개 도시에서 지하철이 운영되고 있다. 우리나라와 마찬가지로 지하철은 가장 편리한 대중 교통수단이다. 도쿄나 오사카의 경우 도시를 연결하는 순환선을 타면 일단 도시를 한바퀴 돌아볼 수 있다.

모든 주요도시에는 시내버스가 운행되고 있다. 버스는 지하철이나 전철역으로부터 떨어진 지역과 역을 연계하는 역할을 한다. 노면전차는 주로 도로상에 부설된 레일을 따라 움직이는 전동차를 일컫는다. 버스와 다른 점은 전기에 의해 움직이기 때문에 대기오염이 없다는 장점이 있다. 그러나 버스에 비해 속력이 느려 교통을 방해할 수도 있다는 것이 단점으로 지적된다. 특히 대도시에서는 볼 수 없으며, 큐슈지역의 경우에는 가고시마, 구마모토, 나가사키 등의 도시에서, 혼슈에서는 히로 시마, 마쯔야마 등의 도시에서 경험해 볼 수 있다.

9 フロントで

학·습·포·인·트

1. 『~で　ございます』 ~입니다〈공손체〉
2. 객실호실 말하기
3. 동사의 수동표현

단어

フロント 프론트
予約(よやく) 예약
お待(ま)たせしました 오래 기다리셨습니다
確(たし)かに 분명히
確認(かくにん) 확인
される 되다
名前(なまえ) 이름
住所(じゅうしょ) 주소
お願(ねが)いします 부탁드립니다
部屋(へや) 방
1805(いち はち ゼロ ご) 1805
号室(ごうしつ) 호실
かぎ 열쇠
~で　ございます ~입니다
ありがとう 고마워요
ごゆっくり 편히 쉬십시오

(フロントーで)

フロント：いらっしゃいませ。 ご予約ですか。

山田　　：ええ。 山田です。

フロント： 山田様ですね。 少々お待ちください。

お待たせしました。

確かにご予約が確認されました。

こちらにお名前とご住所をお願いします。

山田　　：はい。

フロント：お客様のお部屋は1805号室でございます。

こちらはお部屋のかぎでございます。

山田　　：ありがとう。

フロント：ごゆっくり、 どうぞ。

프론트 : 어서 오십시오. 예약은 하셨습니까?
야마다 : 네, 야마다입니다.
프론트 : 야마다씨이군요. 잠시 기다려주십시오
오래 기다리셨습니다.
분명히 예약이 확인되었습니다.
여기에 성함과 주소를 부탁합니다.
야마다 : 네.
프론트 : 고객님의 방은 1805호실입니다.
이것은 방 열쇠입니다.
야마다 : 고마워요.
프론트 : 편히 쉬시길 빕니다.

문 법 노 트

1 『~でございます』 ~입니다

「~です」나 「~ます」는 공대말 중에서도 공손체(정중어)라고 한다. 정중한 말을 사용함으로서 상대에 대한 경의를 나타내는 표현이다. 말하는 사람 입장에서 상대방에게 깍듯이 예의를 갖추어 말할 때는 『~です』 대신에 『~でございます』 써서 존중하고 있음을 나타낸다.

はい、ロッテホテルでございます。네, 롯데호텔입니다.

エレベータはあちらでございます。엘리베이터는 저쪽입니다.

宿泊代(しゅくはくだい)はお飲(の)み物(もの)を合(あ)わせて、2万(まん)7千円(せんえん)でございます。

숙박요금은 음료수를 합해서 2만7천 엔입니다.

2 客室(きゃくしつ)の番号(ばんごう)の言(い)い方(かた) 객실번호 말하기

객실번호를 말하는 법은 2가지로 한 단위씩 하나하나 끊어서 말할 수도 있고, 단위를 붙여서 말할 때도 있다.

お客様(きゃくさま)のお部屋(へや)は1 7 05号室(ごうしつ)でございます。〔1707호실 ⇒ いち なな ゼロ ごろ 읽는다〕

고객님의 객실은 1705호실입니다.

1234号室(ごうしつ)は12階(かい)にございます。〔1234호실 ⇒ せんにひゃくさんじゅうよんで로 읽는다〕

1234호실은 12층에 있습니다.

3 受け身동사의 수동형

우리말의 '~되다/~당하다/~(영향을)받다' 라는 의미로 수동형인 ~(ら)れる를 쓴다. 특히, 우리말에는 없는 일본어 특유의 표현이 많다. 수동형이 사용된 문장은 어떤 행위에 대해 영향을 받는 대상의 입장에서 상황을 서술한 것이다. 이러한 문장을 수동문이 라고 한다. 예를 들면 성적이 좋지 못해서 부모가 자녀를 야단친 경우, 야단친 부모가 아니라 야단맞은 자녀의 입장에서 상황을 표현한 것이다.

동사의 종류	사전형	수동형	만드는 법
Ⅰ그룹동사	言う말하다	いわれる말해지다	어미「う」단을「あ」단으로 고치고 + れる
	書く쓰다	かかれる쓰여지다	
	呼ぶ부르다	よばれる불려지다	
	かむ물다	かまれる물리다	
	盗む훔치다	ぬすまれる도둑맞다	
	読む읽다	よまれる읽히다	
Ⅱ그룹동사	切る자르다	きられる잘리다	어미「る」를 떼고 + られる
	見る보다	みられる보여지다	
	食べる먹다	たべられる먹히다	
	ほめる칭찬하다	ほめられる칭찬받다	
Ⅲ그룹동사	くる오다	こられる	불규칙
	する하다	される 되다	

親が子供を叱る。〈능동문〉 부모가 아이를 꾸짖다(야단치다).

⇒子供が親に叱られる。〈수동문〉 아이가 부모에게 꾸지람을 듣다(야단맞다).

잠깐! 능동문이 수동문이 되면 목적어와 주어가 바뀌며 능동문의 원래 주어에는 に가 오게 된다. 수동문일지라도 우리말은 능동문으로 해석해야 자연스럽다.

■ 일반적인 수동문의 예

地下鉄でさいふをぬすまれました。지하철에서 지갑을 도둑맞았습니다.

ねこに魚を食べられました。고양이에게 생선을 먹였습니다.

母に日記を読まれた。엄마에게 일기를 읽혔다.

日本では箸が使われます。일본에서는 젓가락이 사용됩니다.

新しい建物があちこちで建てられています。새 건물이 여기저기서 세워지고 있습니다.

■ 수동형의 여러 가지 의미

ここで本が借りられますか。여기서 책을 빌릴 수 있습니까?〈가능〉

お客様が来られました。손님이 오셨습니다.〈존경〉

夜中に友達に来られた。한 밤중에 친구가 왔다.(달갑지 않은 방문)〈피해〉

父の愛が感じられた。아버지의 사랑이 느껴졌다.〈자발〉

MEMO

연습문제

1 다음 문장을 보기와 같이 고쳐 봅시다.

보기

友達がレポートを頼みました。친구가 리포트를 부탁했습니다.

↳ 友たちにレポートを頼まれました。
친구에게 레포트를 부탁받았습니다.

(1) 部長が鈴木さんを呼びました。부장님이 스즈키씨를 불렀습니다.

↳

(2) 先生は田中君をほめました。선생님은 다나카군을 칭찬했습니다.

↳

(3) 子供が時計を壊しました。아이가 시계를 고장냈습니다.

↳

(4) 先生がわたしに質問しました。

↳

新단어 頼む부탁하다　レポート리포트　部長부장　~君~군　壊す부수다, 고장내다

3 밑줄 친 곳을 바꿔 연습해 봅시다.

보기

A : はい、ワールドツアーでございます。
네, 월드투어입니다.

B : 韓国のキムまですが、田中部長お願いします。
한국의 김철수입니다만, 다나까 부장님 부탁합니다.

A : おつなぎいたします。少々お待ちくださいませ。
연결해드리겠습니다. 잠시만 기다려주십시오.

B : どうも。
고맙습니다.

(1) 三菱商事　高橋

(2) 世界旅行　李

(3) アシアナ航空　日本の佐藤

(4) ヒルトンホテル　イギリスのゾンスン

新단어 商事상사 世界세계 航空항공

4 밑줄친 곳을 바꿔 연습해 봅시다.

보기

A : いらっしゃいませ。何名様(なんめいさま)でございますか

어서 오십시오. 몇 분이십니까?

B : 大人(おとな)二人(ふたり)と子供(こども)一人(ひとり)です。

어른 2명과 아이 1명입니다.

A : 禁煙席(きんえんせき)のほうへご案内致(あんないいた)しますが、よろしいですか。

금연석 쪽으로 안내하겠습니다만, 괜찮으시겠습니까?

B : はい。

네.

(1) 窓側(まどがわ)

(2) 家族室(かぞくしつ)

(3) ホール

(4) お部屋(へや)

新단어 窓側(まどがわ)창쪽 家族室(かぞくしつ)가족실 ホール홀

bonus TIP ▶▶ 명사의 경어

부대시설 및 객실관련용어

コーヒーショップ	커피숍	ベッド	침대
ナイトクラブ	나이트클럽	テーブル	테이블
カジノ	카지노	テレビ	텔레비전
理容室(りようしつ)	이발소	冷蔵庫(れいぞうこ)	냉장고
美容室(びようしつ)	미용실	押(お)し入(い)れ	벽장
レストラン	레스토랑	ライティングデスク	라이팅 데스크
会議場(かいぎじょう)	회의장	スタンド	스탠드
宴会場(えんかいじょう)	연회장	ソファー	소파
バー	바	枕(まくら)	베개
フィットネスセンター	휘트니스 센타	布団(ふとん)	이불

JAPAN INFO

일본의 숙박업

특급호텔高級(こうきゅう)ホテル

일본호텔협회에 속하는 특급호텔의 경우 대부분의 호텔직원은 영어를 구사한다. 룸서비스와 통역업무에 이르기까지 최상급의 다양한 서비스를 받을 수 있고, 각 객실은 PC단말기 연결이 가능하다. 쇼핑가, 칵테일라운지, 비즈니스 센타, 휘트니스 센타, 수영장, 카지노 등의 부대시설을 갖추고 있다. 호텔에서 가까운 국제공항까지는 리무진버스를 운행한다. 숙박요금은 1박에 싱글이 2만 엔, 더블이나 트윈이 3만 엔 정도이다.

1890년 개업한 제국호텔 모습

제국호텔 토쿄신본관

비즈니스호텔ビジネスホテル

비교적 저렴한 숙박시설로 출장 여행자들이 주로 이용한다. 각층의 복도에는 간이식품이나 음료수를 파는 자동판매기가 설치되어 있다. 대부분의 호텔은 철도역과 지하철역에 가까운 곳에 위치한다. 비즈니스맨들이 이용하기 때문에 객실은 주로 욕실이 딸린 싱글룸이다. 숙박료는 보통 7,000~8,000엔 정도이다.

유스호스텔ユースホステル

여러 명이 함께 자는 도미트리형식으로 청결하고 저렴하다. 외국인은 물론 일본인들도 많이 이용한다. 사전예약이 필수.

유스게스트하우스ユースゲストハウス

대부분이 1,2인실로 방마다 편의시설이 갖추어져 있고, 숙박료는 4,000~6,000엔.

게스트하우스ゲストハウス

외국인 배낭족이 주로 이용한다. 여러 명이 자는 기숙사형 객실에 공동욕실과 공동화장실이다. 숙박료는 저렴해서 1,800~3,000엔 정도.

캡슐호텔

캡슐호텔カプセルホテル

한사람이 들어가 누울 수 있는 캡슐형식으로 사우나 이용이 가능하다. 숙박료는 3,000~4,000엔 정도.

위클리맨션ウィークリマンション

취사가 가능한 콘도형 호텔. 기본시설 외에 생활용품은 지급되지 않는다. 장기체류 시 편리하다. 숙박료는 7,000~1만 엔 전후.

민슈쿠民宿

고급리조트지역이나 휴양지의 일반가정이 운영하며 아침, 저녁의 2식이 제공되며 숙박비는 6,500엔 정도.

민슈쿠의 아주머니

료칸旅館

일본의 전통적인 숙박시설은 료칸(여관)은 단순한 숙박장소이라기보다는 일본식 다다미방에서 안락한 시간을 보내거나, 전용온천에서 입욕을 즐긴 다음 유카타(浴衣)로 갈아입고, 다다미위에 깐 이불에서 잔다. 료칸에서는 일본 특유의 주거문화나 습관 등 일본의 다양한 요소를 체험할 수 있는 곳이다. 기본적으로 '1박2식'인데 숙박 당일에는 지역 특산재료로 만든 전통코스요리인 저녁식사와 다음날에는 심플한 아침식사가 제공된다. 대부분의 료칸에서는 나카이상이 방으로 날라 온 식사를 방 안에서 먹게 된다. 숙박료는 1명 1박이 기준이며 평균 가격은 1인당 5000엔~119,000엔이다. 세금과 서비스요금은 별도이다.

기타 숙박시설로는 국민숙사国民宿舎, 펜션ペンション, 회관会館 등이 있다.

☞ 일본 비즈니스호텔 정보관련 사이트 : www.inn-info.co.jp
일본 호텔 정보관련 사이트 : www.nikanren.or.jp
캡슐호텔 정보관련 사이트 : www4.ocn.ne.jp./~koshigoe/capsule

10 客室(きゃくしつ)で

학·습·포·인·트

1. 『~すぎる』 너무 ~하다
2. 『~てくれる』/ 『~てもらう』~해 주다
3. 『~(さ)せる』 ~시키다(하게 하다)

단어

客室係(きゃくしつがかり) 객실담당
寒(さむ)すぎる 너무 춥다
ので ~이니까
毛布(もうふ)
一枚(いちまい)
持(も)ってくる 가져오다
~てくれる ~해 주다
糸(いと) 실
針(はり) 바늘
すぐ 곧
お持(も)ちいたします가져다드리겠습니다
ちょっと 잠깐
ランドリーサービス 세탁물서비스
別料金(べつりょうきん) 별도요금
やる 하다
担当(たんとう)の者(もの) 담당자
取(と)りに行(い)かせる 수거하러 보내다

客室係：客室係のイムでございます。

山田　：寒すぎますので毛布をもう一枚持ってきてくれますか。

客室係：はい、かしこまりました。

山田　：それと糸と針もお願いします。

客室係：すぐお持ちいたします。

山田　：あ、ちょっと。ランドリーサービスもありますか

客室係：別料金でクリーニング店にやってもらうことができます。

山田　：あしたの11時までにお願いします。

客室係：担当の者をすぐ取りに行かせます。

山田　：どうも。

객실담당 : 객실담당인 임입니다.

야마다 : 너무 추우니까 모포를 한 장 더 가져다줄래요?

객실담당 : 네, 잘 알겠습니다.

야마다 : 그리고, 실과 바늘도 부탁합니다.

객실담당 : 곧바로 가져오겠습니다.

야마다 : 아, 잠깐. 세탁서비스도 있나요?

객실담당 : 별도요금으로 세탁점이 해 줄 수 있습니다.

야마다 : 내일 11시까지 부탁해요.

객실담당 : 담당자를 곧 가지러 보내겠습니다.

야마다 : 고마워요.

문·법·노·트 ▶▶

1 『~すぎる』 너무 ~하다

동사의 「동사의 ます形」 또는 「형용사의 어간」에 동사 「すぎる」(지나가다, 통과하다)를 연결시키면 '너무 ~하다', '지나치게 ~하다'는 의미가 된다.

ゆうべ 飲(の)みすぎました。어제 저녁에 과음했습니다.

そんなに食(た)べすぎるとおなかをこわすよ。그렇게 과식하면 배탈나.

高(たか)すぎます。 너무 비쌉니다.

親切(しんせつ)すぎる人(ひと)には気(き)をつけなさい。너무 친절한 사람은 조심해요.

新단어 夕(ゆう)べ어제저녁 おなかをこわす배탈이 나다 高(たか)い비싸다 親切(しんせつ)だ친절하다 気(き)をつける조심하다

2 『동사의 て형 +くれる』 (남이 나에게)~해 주다

남(제3자)이 나(내 편)에게 '무엇인가(사물)를 줄 때'에는 「~をくれる」를 쓰지만, 남이 나에게 '무엇을 해 줄 때'는 「~てくれる」를 쓴다.

伊藤(いとう)さんが関西空港(かんさいくうこう)まで車(くるま)で送(おく)ってくれました。
이토씨가 칸사이공항까지 자동차로 데려다 주었습니다.

友(とも)だちがお金(かね)を貸(か)してくれました。
친구가 돈을 빌려주었습니다.

母(はは)は寝(ね)る前(まえ)にいつも本(ほん)を読(よ)んでくれました。
엄마는 자기 전에 언제나 책을 읽어 주었습니다.

新단어 送(おく)る안내하다, 배웅하다, 데려다주다 貸(か)す발려주다

3 『동사의 て형 +もらう』 (남이 나에게)~해 주다

「~てもらう」는 동사의 「て」형에 「もらう(받다)」가 결합된 형태로 '누구누구가 내게 ~해주어서 남이 베풀어준 은혜나 혜택을 받는다'는 뜻이다. 직역하여 '~해 받다'로 해석하면 어색한 우리말이 된다. 더 정중한 표현은 「~ていただく」를 사용한다.

木村先生に日本語を教えてもらいました。

기무라 선생님이 일본어를 가르쳐주었습니다.

父に入学のプレゼントにノートパソコンを買ってもらいました。

아버지가 입학선물로 노트북을 사 주었습니다.

☞ '~해 줄 수 있다' 뜻의 가능표현은 「~てもらえる」가 되며, 더 정중한 표현은 「~ていただく」의 가능인 「~ていただける」나 「~ていただけませんか」를 쓰면 더욱 공손한 표현이 된다.

すいません。これ直してもらえますか。

미안합니다. 이것 고쳐줄 수 있습니까?

申し訳ございませんが、これ直していただけませんか。

죄송합니다만 이것 고쳐주실 수 있습니까?

4 『~(さ)せる형』 사역형 고치기

사역형으로 만드는 조동사『~(さ)せる』는 '~을(를) 하게 하다(시키다)'라고 할 때 쓰는 표현이다. 동사에 연결될 때는 ない형에 연결된다.

동사의 종류	사전형 (~다)	사역형 (~하게 하다)	어미변화
Ⅰ그룹동사	買う 사다	かわせる 사게 하다	어미「ウ」단 ⇒「ア」단 + せる
	歩く 걷다	およがせる 걷게 하다	
	話す 말하다	はなさせる 말하게 하다	
	立つ 서다	たたせる 일어서게 하다	
	死ぬ 죽다	しなせる 죽게 하다	
	呼ぶ 부르다	よばせる 부르게 하다	
	読む 읽다	よませる 읽게 하다	
	帰る 돌아가다	かえらせる 돌아가게 하다	
Ⅱ그룹동사	食べる 먹다	たべさせる 먹이다	어미「る」탈락 + させる
	寝る 자다	ねさせる 재우다	
Ⅲ그룹동사	くる 오다	こさせる 오게 하다	불규칙
	する 하다	させる 시키다	

娘を銀行へ行かせました。

딸을 은행에 가게 했습니다.(보냈습니다)

子供を公園で遊ばせます。

아이를 공원에서 놀게 합니다.

買い物に行くときは息子に車を運転させます。

쇼핑갈 때는 아들에게 차를 운전시킵니다.

■ 비교!! 〈사역 + 수동〉(어쩔 수 없이/억지로/마지못해~하다)

事故で1時間も待たせられた。

사고로 1시간이나 기다렸다.

〔待つ→待たせる→待たせられる(=待たされる)〕

母に漢方薬を 飲ませられました。

엄마가 한약을 억지로 먹게 했다.

〔飲む→飲ませる→飲ませられる(=飲まされる)〕

연 습 문 제 ►►

1 제시어로 보기와 같이 문장을 만들어 봅시다.

보기

部屋の中が暑い。 방안이 덥다.

↳ 部屋が暑すぎますから温度を下げてください。

방 안이 더우니까 온도를 내려 주십시오.

(1) 部屋が狭い。

↳ 部屋が＿＿＿＿＿＿ますから変えてください。

방이 좁으니까 바꿔주십시오.

(2) 家賃が高い

↳ 家賃が＿＿＿＿＿＿ますから安くしてください。

집세 비싸니까 사게 해주십시오.

(3) うるさい

↳ ここは＿＿＿＿＿ますから静かなところへ行きましょう。

여기는 너무 시끄러우니까 조용한 곳으로 갑시다

(4) のる

↳ ＿＿＿＿＿＿ましたから次の駅で降りてください

지나왔으니까 다음 역에서 내려 주십시오.

新단어 暑い덥다 狭い좁다 温度を下げる온도를 내리다 変える바꾸다 家賃집세 高い비싸다 安い싸다 賑やかだ번화하다 静かだ조용하다 乗る타다 降りる내리다

2 제시어로 보기와 같이 문장을 만들어 봅시다.

보기

田中さん、パーティの準備、手伝う

↳ 田中さんにパーティの準備を手伝ってもらいました。
다나까씨가 파타 준비를 도와주었습니다.

(1) 中山さん´ 故障した時計´ なおす

↳

나카야마씨가 고장난 시계를 고쳐주었습니다.

(2) 鈴木さん、手紙、読む

↳

스즈키씨가 편지를 읽어 주었습니다.

(3) 吉村さん、日本語の辞書、貸す

↳

요시무라씨가 일본어사전을 빌려 주었습니다.

(4) 山本さん、日本料理、作る

↳

야먀모토씨가 일본요리를 만들어 주었습니다.

3 (　　　) 안의 동사를 고쳐서 보기와 같이 문장을 만들어 봅시다.

보기

先生(せんせい)はわたしに漢字(かんじ)を覚(おぼ)えさせました。(覚(おぼ)える)
선생님은 나에게 한자를 쓰게 했습니다.

(1) 母(はは)は子供(こども)にほうれんそうを__________ました。(食(た)べる)
엄마는 아이에게 시금치를 먹게 했습니다.

(2) 兄(あに)はわたしにかばんを__________ました。(持(も)つ)
형은 내게 가방을 들게 했습니다.

(3) 医者(いしゃ)は薬(くすり)を__________ました。(のむ)
의사는 약을 먹게 했습니다.

(4) 先生(せんせい)は太郎(たろう)に本(ほん)を__________ました。(読(よ)む)
선생님은 타로에게 책을 읽게 했습니다.

新단어　資料(しりょう)자료　調(しら)べる조사하다　ほうれんそう시금치　薬(くすり)をのむ약을 먹다
太郎(たろう)타로

4 보기와 같이 연습해 봅시다.

보기

A：805号室に暖房が強すぎますが。

805호실에 난방이 너무 셉니다.

B：申し訳ございません。すぐ<u>調節させます</u>。(調節する)

대단히 죄송합니다. 곧 조절시키겠습니다.

(1) A：シーツーをとりかえてくれますか。

시트를 갈아 주실래요?

B：すぐ新しいものに＿＿＿＿＿＿ます。(とりかえる)

곧 바로 새 것으로 교체하게 하겠습니다.

(2) A：白ワインを一本お願いします

백포도주를 한 병 부탁합니다.

B：はい、かしこまりました。すぐ＿＿＿＿＿＿です。(持っていく)

네, 잘 알겠습니다. 곧 가져가게 하겠습니다.

(3) A：スーツにアイロンをかけたいんでが。

양복에 다림질을 하고 싶은데요.

B：はい、かしこまりました。すぐ＿＿＿＿＿＿です。(取りにいく)

네, 잘 알겠습니다. 곧 가지러 가게 하겠습니다.

(4) A：フロントですか。荷物が一つまだ来ません。

양프런트인가요? 짐이 하나 아직 안왔습니다.

B：申し訳ございません。すぐ＿＿＿＿＿＿ます。(調べる)

죄송합니다. 곧 찾게 하겠습니다.

bonus TIP ▸▸ 욕실관련용어

お手洗(てあら)い/トイレ	화장실	シャンプ	샴푸
浴槽(よくそう)	욕조	リンス	린스
洗面台(せんめんだい)	세면대	ヘアーキャップ	헤어 캡
蛇口(じゃぐち)	수도꼭지	カミソリ	면도칼
トイレットペーパ	화장지	ドライヤー	드라이어
せっけん	비누	ローション	로션
歯(は)ブラシ	치솔	スキン	스킨
歯磨(はみが)き	치약	シャワー	샤워
バスタオル	목욕타올	くし	빗
バスマット	욕실용 매트	鏡(かがみ)	거울

JAPAN INFO

旅館료칸 에티켓

客室객실로 입실

료칸에 따라서 신발을 현관에서 벗는 경우와 객실입구에서 벗는 경우가 있다. 나카이상이 객실까지 안내하며 차나 식사시중을 들고 잠자리 를 준비해 준다. 기본적으로 팁을 주는 습관은 없다.

浴衣유카타 입는 법

유카타는 잘 때나 휴식을 취할 때 입는 옷으로 료칸주변을 산책할 때도 입을 수 있다. 단젠(솜옷)이나 하오리(외투)는 유카타 위에 걸친다. 유카타 차림으로 료칸 밖을 나갈 때는 게타(나막신)를 신는다.

大風呂욕탕이용법

각 객실별로 욕실이 딸려있는 경우가 많지만 넓은 대욕탕을 이용하는 재미도 있다. 목욕수건을 가지고 탈의실에서는 벗은 옷은 개별 바구니나 선반에 넣은 다음 욕실에 들어간다. 탕에 들어가기 전 몸을 간단히 씻는다. 탕에서 몸을 따듯이 데운 후 나와서 비누칠로 깨끗이 씻고 다시 한 번 탕에 들어간다. 선채로 몸을 씻지 않도록 한다. 목욕수건은 탕 안에 넣지 않는다.

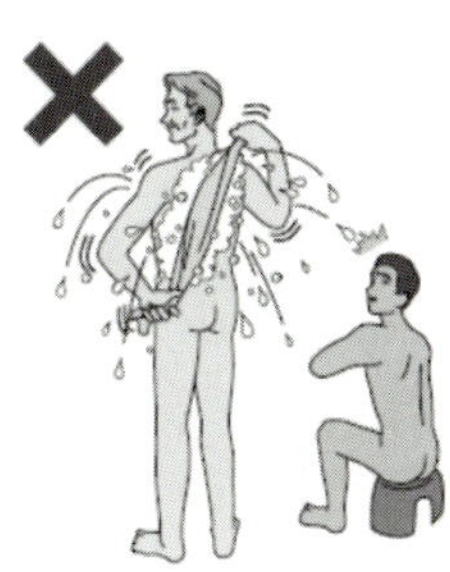

11 電話(でんわ)の応対(おうたい)

학·습·포·인·트

1. 『-くて』 ~해서
2. 『~ようだ』 ~인듯하다
3. 『~て ほしい』 ~해주길 바란다
4. 『~ので』~하므로/하기 때문에

단어

隣(とな)り 옆, 이웃
うるさい 시끄럽다
眠(ねむ)る 자다
連絡(れんらく)を取(と)る 연락을 취하다
ほかに 그 외에
何(なに)か 무언가
不便(ふべん)だ 불편하다
ところ 점
妻(つま) 아내
頭痛(ずつう) 두통
ようだ 인듯하다
痛(いた)み止(どめ) 진통제
もらう 받다
すぐ 곧, 즉시
食堂(しょくどう) 식당
に ~에(장소)
手提(てさ)げカバン 손가방
置(お)き忘(わす)れる 두고 오다
確認(かくにん)する 확인하다
ん(の)です ~답니다
が ~만
ほしい 원하다

(苦情の対応の仕方)

フロント：はい、フロントでございます。

客　　　：隣りの部屋がうるさくて眠れません。

フロント：申し訳ございません。すぐご連絡をおとりします。

ほかに何か不便なところはありませんか。

客　　　：妻が頭痛があるようです。痛み止をもらえますか。

フロント：すぐお持ちいたします。

客　　　：それと食堂に白い手提げかばんを置き忘れてきたので、

確認してほしいんですが。

フロント：はい、かしこまりました。

프론트 : 네, 프론트입니다.

손　님 : 옆방이 시끄러워 잘 수가 없습니다.

프론트 : 죄송합니다. 곧 연락을 취하겠습니다.

그 외 무언가 불편한 점은 없습니까?

손　님 : 아내가 두통이 있는 듯합니다. 진통제를 받을 수 있나요?

프론트 : 곧 갔다 드리겠습니다.

손　님 : 그리고, 식당에 하얀 손가방을 두고 왔는데

확인해 주길 바래요

프론트 : 네, 잘 알겠습니다.

문 법 노 트

1 『い형용사어간-くて/な형용사-で/명사+で』

~하고/해서(열거/원인,이유)

この店は安くておいしいです。

이 가게는 사고 맛있습니다.

この辺りは静かですが、交通が不便で会社まで2時間もかかります。

이 주변은 조용합니다만 교통이 불편해서 회사까지 2시간이나 걸립니다.

今日は風で会社を休みました。

감기로 회사를 쉬었습니다.

2 『~ようだ』 ~인듯하다(추측)

그 장소에서의 사항이나 주어진 정보를 토대로 이미 알고 있는 것에 대해서 객관적인 사실을 근거로 충분히 그렇게 받아들일 수 있는 상태일 때 추측하는 표현이다. 문어체나 격식을 차린 구어체에 사용한다. 「~みたいだ」는 같은 의미로 일상어적인 표현이나 회화체에서 사용한다.

富士山の近くで飛行機の事故があったようです。

후지산 부근에서 비행기 사고가 난 듯합니다.

物価は去年より下がっているようです。

물가는 작년보다 내린 듯합니다.

林さんは今忙しいみたいです。

하야시씨는 지금 바쁜 듯합니다.

花子は今日暇みたい。

하나꼬는 오늘 한가한 듯하다.

3 『~ので』 ~하므로/하니까

ので는 현실적으로 있었거나 있었던 행위나 상황의 이유를 나타낼 때 쓴다.

■ ~ので를 붙이는 법

	현재/미래	과거
동사	원형(ーる)+ので	과거형(ーた)+ので
い형용사	원형(ーい)+ので	어간+かったので
な형용사	어간+なので	어간+だったので
명사	+なので	+だったので
です	+です	+でしたので
ます	+ます	+ましたので

■ *비교!!* ~から는 말하는 사람의 의지나 사고의 이유, 근거를 나타내기 때문에 주관이 강하게 반영됨.

夕べ行きが降りましたので、道路がすべりやすいです。
어제 저녁에 눈이 내렸기 때문에 도로가 미끄러지기 쉽습니다.

ラッシュアワーなので渋滞しています。러시아워이므로 (도로가) 밀립니다.

寒いので部屋の温度をあげてください。추우니까 방 온도를 높여 주세요.

4 『~てほしい』 ~해 주길 바란다

동사의 て형에 ほしい가 오면 자신 이외의 타인에 대해서, 그 사람이 어떤 동작을 해 주거나 어떤 상태에 놓여 있기를 바라는 경우나, 어떤 사건이나 사항이 일어나기를 희망한다는 의미를 나타낸다.

鈴木さんが責任を持ってやってほしいんですが。
스즈끼씨가 책임을 지고 해주길 바랍니다만.

あしたの3時までわたしの研究室へ来てほしい。
내일 3시까지 내 연구실로 와 주길 바람.

연습문제

1 「ようだ」를 알맞게 고쳐 넣어 봅시다.

보기

デジタルカメラに関心がある (ように)見えました。

디지털카메라에 관심 있는 듯이 보였습니다.

(1) スミスさんはあした日本を発つ(　　　　　　　　　)。

스즈키씨는 내일 일본을 떠나는 듯합니다.

(2) 困った(　　　　　　　　　)顔をしている。

곤란한 듯한 얼굴을 하고 있다.

(3) 今年の冬は例年に比べて寒い(　　　　　　　　　)。

올해 겨울은 예년에 비해 추운 듯합니다.

新단어 関心관심 発つ출발하다 困る곤란하다 顔얼굴 今年올해 冬겨울 寒い춥다

2 제시어로 다음 문장을 작문해 봅시다.

(1) 집세가 비싸서 큰일입니다. 家賃집세 たいへんだ큰일이다

(2) 길이 좁아서 위험합니다. 道길 狭い좁다 危険だ위험하다

(3) 야마다씨는 친절하고 상냥합니다. 親切だ친절하다 優しい상냥하다

3 밑줄 친 곳에 유의하여 해석해 봅시다.

보기

熱(あつ)いので注意(ちゅうい)してください。 ⇒ 뜨거우니까 주의하세요.

(1) 梅雨(つゆ)の季節(きせつ)なので湿気(しっけ)が多(おお)いです。 ⇒

(2) 事故(じこ)で電車(でんしゃ)が遅(おく)れたので遅刻(ちこく)してしまいました。 ⇒

(3) 故障(こしょう)のおそれがありますので注意(ちゅうい)してください。 ⇒

(4) 渋滞(じゅうたい)で遅(おそ)かったので間(ま)に合(あ)いませんでした。 ⇒

新단어 梅雨(つゆ)장마 季節(きせつ)계절 湿気(しっけ)습기 多(おお)い많다 ~才(さい)~살 以下(いか)이하 未成年(みせいねん)미성년 入場(にゅうじょう)입장 事故(じこ)사고 電車(でんしゃ)전철 遅(おく)れる늦어지다 遅刻(ちこく)지각 故障(こしょう)고장 おそれ우려 注意(ちゅうい)주의 渋滞(じゅうたい)정체 遅(おそ)い늦다 間(ま)に合(あ)う시간에 대다

4 밑줄 친 곳을 바꿔 연습해 봅시다.

보기

A : はい。フロントでございます。
　　네, 프론트입니다.

B : そちらの宿泊客(しゅくはくきゃく)で山田(やまだ)さんにつなげてほしいんですが。
　　거기 숙박객으로 야마다씨를 연결해 주길 바랍니다.

A : はい。かしこまりました。少々(しょうしょう)お待(ま)ちくださいませ。
　　네 잘 알겠습니다. 잠시 기다려 주십시오.

(1) 日産自動車(にっさんじどうしゃ)、 営業部(えいぎょうぶ)の林(はやし)さん

(2) 総務課(そうむか)、 人事担当者(じんじたんとうしゃ)

(3) 貿易課(ぼうえきか)、 島課長(しまかちょう)

(4) 企画室(きかくしつ)、 長谷川(はせがわ)さん

新단어 日産自動車(にっさんじどうしゃ)닛산자동차 営業部(えいぎょうぶ)영업부 総務課(そうむか)총무과
人事担当者(じんじたんとうしゃ)인사담당자 貿易課(ぼうえきか)무역과 課長(かちょう)과장 企画室(きかくしつ)기획실

MEMO

JAPAN INFO

접객의 프로 료칸을 이끌어 가는 사람들

료칸의 객실과 일본정원

료칸에는 접객 서비스분야의 다양한 프로들이 있다. 그들은 접객의 본질을 충분히 파악하고 풍부한 경험을 쌓음으로써, 고객에게 쾌적한 체재와 함께 길이 추억에 남을 서비스를 제공한다. 고객의 만족을 위해 노고를 아끼지 않는 그들과의 만남은 여행의 감동을 증폭시켜 주는 중요한 요소라 할 수 있다.

오카미상

오카미상(여주인 : 총지배인 역할)은 접객의 최고 책임자인 동시에 그 여관을 대표하는 서비스 관리의 우두머리이다. 서양 호텔에 있어서의 총지배인에 해당하는 역할을 맡고 있다. 경영자이거나 경영자의 부인인 경우가 많으며, 료칸의 대표로서 영업활동이나 지역과의 연계 등 외교 전반을 담당하고 있다.

나카이상

나카이상(객실담당)은 접객담당인 동시에 몇 개의 객실을 담당하면서 료칸 내에서 휴식을 취하는 고객에게 다양한 서비스를 제공한다. 접객담 당자와의 차이는 거의 없으며, 소규모 료관에서는 고객을 마중 나가는 일에서부터 여관을 떠날 때의 배웅에 이르기까지 접객 전반을 담당하는 경우도 있다. 和服와후쿠을 착용하고 있는 접객담당자나 객실담당자는 고객으로부터 '나카이상'으로 불리며, 여성 특유의 섬세한 배려로 고객들을 접대하고 있습니다. 요리를 상에 올릴 때는 나카이상이 메뉴 하나하나에 대하여 설명을 덧붙인다.

저녁식사(코스요리) 상차림

료칸의 저녁 식사는 일식을 중심으로 한 코스 요리가 주류를 이룬다. 하나하나에 온갖 정성을 기울인 요리에는 각 철마다의 제 맛을 내는 식재료가 아낌없이 사용된다. 특히, 색감을 살려 눈을 즐겁게 하는 일본 요리는 잠시 넋을 잃고 바라보게 될 정도로 그릇에 예쁘게 담겨져 나온다.

료칸의 요리를 담당하는 조리사는, 요정이나 割烹갓포라 불리는 일본요리점과 마찬가지로, 오랜 세월 동안 경험을 쌓고 국가가 인정하는 자격인 조리사면허를 소지한 전문 요리인이다. 그 고도의 기술 가진 료칸의 조리사는 전통 깊은 일본요리를 계승하고 있는 경우가 대부분이며 최고의 요리사가 정성을 쏟아 만들어 낸 음식들은 먹는 이의 눈과 혀를 한없이 즐겁게 해준다.

아침식사 상차림

료칸에서의 식사는 방에서 하는 것이 기본이다. 여관의 담당자는 가정에서는 맛볼 수 없는 일본 요리의 솜씨를 만끽할 수 있도록 플랜을 짠다.

요리하나하나에 정성을 쏟는 조리사

12 韓国食堂で

かんこくしょくどう

학 · 습 · 포 · 인 · 트

1. 『~そうだ』 ~라고 한다〈전문〉
2. 『~そうだ』 ~할 것 같다〈추측〉
3. 『~にする』 ~(으)로 하다/~하게 하다/~하도록 하다
4. 『~になる』 ~하게 되다/~이(가) 되다

단어

何名様(なんめいさま) 몇 분
素晴(すば)らしい 멋지다
庭(にわ) 정원
朝鮮時代(ちょうせんじだい) 조선시대
再現(さいげん) 재현
そうです ~라고 한다/~할 것 같다
家庭料理(かていりょうり) 가정요리
にする/になる ~(으)로 하다/이 되다
献立(こんだて) 매뉴, 식단
すべて 모든
おいしい 맛있다
すいません(=すみません) 저기요
お勧(すす)め 추천
鯖(さば)の塩焼(しおやき) 고등어소금구이
定食(ていしょく) 정식
二人前(ににんまえ) 2인분

ウェートレス：いらっしゃいませ。何名様(なんめいさま)でございますか。

山田(やまだ)　　　　：二人(ふたり)です。

ウェートレス：二名様(にめいさま)ですね。どうぞ、ご案内致(あんないいた)します。

　　　　　　　では、ごゆっくりどうぞ。

李　　　　　：素晴(すば)らしい庭(にわ)ですね。

山田(やまだ)　　　　：朝鮮時代(じだい)の庭(にわ)を再現(さいげん)したそうです。

李　　　　　：あ、そうですか。

山田(やまだ)　　　　：ここは家庭料理(かていりょうり)で評判(ひょうばん)です。何(なに)にしますか。

李　　　　　：献立(こんだて)はすべておいしそうですね。

山田(やまだ)　　　　：すいません。今日(きょう)のお勧(すす)めは何(なん)ですか。

ウェートレス：今日(きょう)は鯖(さば)の塩焼定食(しおやきていしょく)になります。

山田(やまだ)　　　　：それを二人前(ににんまえ)ください。

ウェートレス：はい、かしこまりました。少々(しょうしょう)お待(ま)ちくださいませ。

웨이트리스 : 어서 오십시오. 몇 분이십니까?

야마다 : 두 명입니다.

웨이트리스 : 두 분이시군요. 이쪽으로 오십시오, 안내해드리겠습니다.

　　그럼, 편히 쉬십시오.

이 : 멋진 정원이군요.

야마다 : 조선시대의 정원을 재현했다고 합니다.

이 : 아, 그래요.

야마다 : 여기는 가정요리로 평판이 나있습니다. 무엇으로 할까요?

이 : 메뉴는 전부 맛있을 것 같아요.

야마다 : 미안합니다. 오늘 추천요리는 무엇입니까?

웨이트리스 : 오늘은 고등어 소금구이정식이 되겠습니다.

야마다 : 그것을 2인분 주세요.

웨이트리스 : 네, 잘 알겠습니다. 잠시 기다려주십시오.

문 법 노 트

1 『~そうだ』 ~라고 한다〈전문〉

전문을 나타내는 「そうだ」는 정보나 소식을 남으로 부터 전해 들었을 때 쓴다. 활용어에 연결될 때는 기본형에 연결한다.

긍정	현재	과거
동사	원형(ーる)+そうです	과거형(ーた)+そうです
い형용사	원형(ーい)+そうです	과거형(ーかった)+そうです
な형용사	원형(ーだ)+そうです	과거형(ーだった)+そうです
명사	명사+だ+そうです	명사+だったそうです

부정	현재	과거
동사	ない형+ないそうです	ない형+なかったそうです
い형용사	어미い→く+ないそうです	어미い→く+なかったそうです
な형용사	어간+ではないそうです	어간+ではなかったそうです
명사	+ではないそうです	+ではなかったそうです

キムさんが代表(だいひょう)で行(い)くそうです。 김씨가 대표로 간다고 합니다.

ニュージーランドは 暑(あつ)かったそうです。 뉴질랜드는 더웠다고 합니다.

李さんはこのごろひまだそうです。이씨는 요즘 한가하다고 합니다.

となりの 人(ひと)は医者(いしゃ)だそうです。 옆집 사람은 의사라고 합니다.

新단어 代表(だいひょう)대표 ひまだ한가하다 医者(いしゃ)의사

2 『~そうだ』 ~할 것 같다/~한 것 같다(추측)

양태를 나타내는 「~そうだ」는 な형용사처럼 활용하며 현재 상황에서는 '(금방이라도)~할 것 같다/(자기 눈으로 보아) ~한 것 같다'라는 뜻을 나타내며, 과거의 상황에서는 ~할 것 같았다/~한 것 같았다라고 표현할 때 쓰는 표현이다. 부정의 추측 '~할 것 같지 않다'는 「~そうに(も)ない」라고 한다.

	긍정	부정
동사	ます형(る떼고)+そうです	ます형(る떼고)+そうもありません
い형용사	어간(い떼고)+そうです	어미い를→く로 고치고+なさそうです
な형용사	어간(だ떼고)+そうです	어간+ではなさそうです

주의 ない+そうだ→なさそうだ　　よい+そうだ→よさそうだ

会議はすぐ終わりそうもありません。
회의는 곧 끝날 것 같지가 않습니다.

強風で木が倒れそうです。
강풍으로 나무가 넘어질 것 같습니다.

これ、とてもおいしそうだわ。
이거 정말 맛있을 것 같아.

あのウェートレスはあまり親切ではなさそうですね。
저 웨이트리스는 그다지 친절하지 않을 것 같군요.

3 『~にする』 ~(으)로 하다/~하게 하다/~하도록 하다

「~にする」는 어떤 상황이나 상태에 변화를 가해서 다른 상황이나 상태를 만들 때 쓰는 표현이다. 동작주가 어떤 것을 이루기 위해 노력하거나 마음을 쓰는 것을 나타낸다.

동사	원형(−る)+ようにする	~하도록 하다
い형용사	어미 −い를 −く로 고쳐서+する	~하게 하다
な형용사	어간+に する	~하게 하다
명사	+に する	~(으)로 하다

日本の歌を歌うことができるようにしました。

일본노래를 부를 수 있게 했습니다.

集合時間を守るようにしてください。

집합시간을 지키도록 해 주세요.

寒いので暖炉をつけて部屋を暖かくしました。

추워서 난로를 켜서 방을 따뜻하게 했습니다.

部屋をきれいにしてください。방을 깨끗이 해주세요.

飲み物は何にしますか。

무엇으로 하겠습니까?

3 『~になる』 ~이(가) 되다/~하게 되다/~하도록 되다

「~になる」는 어떤 상황이나 상태가 결과적으로 변화를 유발할 때 쓰는 표현이다.

동사	원형(-る)+ようになる	~하게 되다
い형용사	어미 -い를 -く로 고쳐서+なる	~해 지다
な형용사	어간+に なる	~해 지다
명사	+に なる	~이(가) 되다

日本語が話せるようになりました。

일본어를 말할 수 있게 되었습니다.

娘は4月から小学校に入るようになります。

딸은 4월부터 초등학교에 들어가게 됩니다.

部屋がきれいになりましたね。

방이 깨끗해 졌군요.

これからだんだん寒くなります。

이제부터 점점 추워집니다.

연습문제 ▸▸

1 제시어를 이용해 보기와 같이 고쳐 봅시다.

보기

手紙(てがみ)をもらう、うれしい

↳ 李さんは<u>手紙(てがみ)をもらってうれしいそうです</u>。

이수희씨는 편지를 받아서 기쁘다고 합니다.

(1) 手紙(てがみ)がこない、寂(さび)しい

↳ キムさんは＿＿＿＿＿＿＿＿＿＿＿＿＿＿＿＿。

김철수씨는 편지가 오지 않아서 슬프다고 합니다.

(2) 仕事(しごと)が多(おお)い、忙(いそが)しかった

↳ ハンさんは＿＿＿＿＿＿＿＿＿＿＿＿＿＿＿＿。

한미자씨는 일이 많아서 바빴다고 합니다.

(3) 風邪(かぜ)をひく、具合(ぐあ)いがよくない

↳ バクさんは＿＿＿＿＿＿＿＿＿＿＿＿＿＿＿＿。

박말자씨는 감기가 들어서 몸이 좋지 않다고 합니다.

(4) 薬(くすり)を飲(の)む、治(なお)りました

↳ カンさんは＿＿＿＿＿＿＿＿＿＿＿＿＿＿＿＿。

강부자씨는 약을 먹고 나았다고 합니다.

新단어 手紙(てがみ)편지 嬉(うれ)しい기쁘다 寂(さび)しい쓸쓸하다 仕事(しごと)일 忙(いそが)しい바쁘다
風邪(かぜ)をひく감기들다 具合(ぐあ)い몸 상태,컨디션 治(なお)る낫다

2 다음 보기와 같이 고쳐 봅시다.

보기

カレーがおいしい

↳ あそこのカレーがおいしそうです。
저곳의 카레가 맛있을 것 같습니다.

(1) 荷物が落ちる

↳ 網棚から荷物が＿＿＿＿＿＿＿＿＿＿＿＿。
선반에서 짐이 떨어질 것 같습니다.

(2) 雨が降る

↳ 今でも 雨が＿＿＿＿＿＿＿＿＿＿。
금방이라도 비가 내릴 듯합니다.

(3) ひもが切れる

↳ ひもが古くて＿＿＿＿＿＿＿＿＿＿＿＿。
끈이 낡아서 끊길 듯합니다.

(4) お金がない。

↳ あの人はお金が＿＿＿＿＿＿＿＿。
저 사람은 돈이 없는 듯합니다.

新단어 落ちる떨어지다 網棚선반 今でも금방이라도 ひも끈 切れる끊어지다
古い낡다, 오래되다 お金돈

3 보기와 같이 제시어를 고쳐 봅시다.

보기

もうすこし 安(やす)く してください。(安(やす)い)
좀 더 싸게 해 주십시오.

(1) 漢字(かんじ)が________ようにしてください。(書(か)く)
한자를 쓸 수 있도록 해 주십시오.

(2) 図書館(としょかん)では________してください。(静(しず)かだ)
도서관에서는 조용히 해 주십시오.

(3) 砂糖(さとう)を入(い)れて________してださい。(甘(あま)い)
설탕을 넣어 달게 해 주십시오.

(4) 英語(えいご)が________ようになりました。(話(はな)す)
영어를 말 할 수 있게 되었습니다.

(5) 部屋(へや)が________になりました。(きれいだ)
방이 깨끗해졌습니다.

(6) 物価(ぶっか)が________なりました。(高(たか)い)
물가가 비싸졌습니다.

新단어 図書館(としょかん) 도서관 砂糖(さとう) 설탕 甘(あま)い 달다 物価(ぶっか) 물가

4 밑줄 친 곳에 의문사를 넣어봅시다.

보기

A：夕食(ゆうしょく)は何(なに)にしますか。

저녁식사는 무엇으로 하겠습니까?

B：洋食(ようしょく)にしましょう。

양식으로 합시다.

(1) A：会議(かいぎ)は＿＿＿＿にしますか。

회의는 언제로 합니까?

B：15日(にち)にしましょう。

15일로 합시다.

(2) A：プレゼントは＿＿＿にしますか。

선물은 무엇으로 합니까?

B：これにしましょう。

이것으로 합시다.

(3) A：旅行(りょこう)は＿＿＿＿にしますか。

여행은 어디로 합니까?

B：ソウルにましょう。

서울로 합시다.

(4) A：開店(かいてん)は＿＿＿＿にしますか。

개점은 몇 시로 합니까.

B：10時(じ)にましょう。

10시로 합시다.

新단어 夕食(ゆうしょく)석식 洋食(ようしょく)양식 会議(かいぎ)회의 開店(かいてん)개점

JAPAN INFO

和食(わしょく)와쇼쿠를 먹을 때의 젓가락 사용법

일본음식은 대부분 젓가락을 사용한다. 다음은 젓가락을 사용할 때 삼가 해야 할 행동이다.

- 어느 그릇의 요리를 먹을까 헤매면서 젓가락을 요리 위에서 이리저리 움직이는 것.
- 일단 집으려다가 그만두고 다른 요리로 젓가락을 옮기는 것.
- 그릇에 담긴 요리를 위에서부터 차례로 먹지 않고, 먹고 싶은 것을 골라 먹는 것.
- 국물이 들어 있는 음식을 휘저어, 건더기만 골라 먹는 것
- 젓가락에 붙은 것을 입으로 핥아 먹는 것, 젓가락을 핥는 것.
- 음식 국물을 젓가락 끝에서 흘려 떨어뜨리면서 입으로 가져가는 것
- 젓가락으로 그릇을 끌어 움직이는 것
- 젓가락에서 젓가락으로 두 사람 사이에 요리를 주고받는 것
- 젓가락을 식탁 위에 내려놓지 않고 입에 문채, 손으로 그릇을 들어 올리는 것
- 젓가락을 이쑤시개 대신에 사용하는 것
- 젓가락을 씹는 것
- 그릇이나 테이블을 젓가락으로 두드리는 것
- 식사 중에 젓가락으로 사람을 가리키는 것

젓가락 쥐는 방법

젓가락 사용법

JAPAN INFO

和食일본음식의 특징

쇼진요리

일본요리의 가장 큰 특징은 풍부하고 신선한 산과 바다의 식재료들로 일본요리를 다채롭게 진화시켜 독특한 식생활 문화를 꽃피우게 한 것이라 할 수 있다. 불교의 영향으로 오랫동안 고기는 먹지 않았고 어패류와 야채를 중심으로 하며 기름이나 향신료를 별로 사용하지 않는다. 가능한 한 외적인 맛은 가미하지 않고, 재료가 가진 원래 특색을 살리는 것을 중시한다. 더욱이 계절감을 중시하여 제철에 나는 식재료를 조리하는 기술이 뛰어나며 요리를 그릇에 담는 데에도 사계절을 표현하는 등 일본 요리만의 독특한 정신이 내재되어 있다.

카이세키요리(다도)

불교의 영향으로 야채와 대두 등의 가공 식품을 사용한 사찰음식인 **精進**쇼진요리가, 다도로부터는 차를 접대하기 전에 내놓는 간단한 요리인 **懐石**카이세키 요리가 탄생하였고, 또 무사사회에서는 정식 일본요리 인 **本膳**혼젠요리가 먼저 태어난 뒤, 주연을 수반하는 연회요리인 **会席**카이세키요리가 파생되었다. 각지에서는 향토요리가 발달하는데 간토(에도)에서는 생선초밥이나 튀김요리, 메밀국수, 뱀장어 요리가 태어나고, 간사이(교토)에서 는 카이세키요리를 기본으로 한 요정요리 가 발달하였다. 메이지 이후에는 육식 습관도 침투되어, 일본요리는 순수한 일본 요리의 경계를 넘어서 서양식을 절충한 요리가 현대로 계승되고 있다.

카이세키요리(연회)

13 南大門市場(なんだいもんいちば)で

학·습·포·인·트

1. 『~やすい』/『~にくい』 ~하기 쉽다/~하기 어렵다
2. 『~ば』 ~하면〈가정〉
3. 『~ている』 ~아/어 있다〈동작의 결과, 상태〉
4. 『~てみる』 ~해 보다

단어

軽(かる)い 가볍다
使(つか)う 사용하다
~やすい 하기 쉽다
~ば ~하면
熱(ねつ) 열
水(みず) 물
強(つよ)い 강하다
変色(へんしょく) 변색
~にくい ~하기 어렵다
お土産(みやげ) 토산품
大分(だいぶ) 상당히
~つもり ~할 셈
ちょうどいい 딱 좋다
色違(いろちが)い 색이 다름(다른 색)
入(はい)る 들어오다
~てみる ~해 보다

店員(てんいん)：いらっしゃいませ。

山田(やまだ)：軽(かる)くて使(つか)いやすいかばんがあればいいんですが。

店員(てんいん)：これなんかいかがですか。 熱(ねつ)や水(みず)に強(つよ)くて、変色(へんしょく)しにくいです。

山田(やまだ)：お土産(みやげ)にするつもりですが。

店員(てんいん)：こちらはだいぶ安(やす)くなっています。 お土産(みやげ)にちょうどいいです。

山田(やまだ)：色違(いろちが)いはありませんか。

店員(てんいん)：中に入(はい)ってみてください。 いろいろありますので、 ごゆっくりどうぞ。

점원 : 어서 오십시오.

야마다 : 가볍고 사용하기 쉬운 가방 같은 것이 있으면 좋겠는데요.

점원 : 이런 것은 어떤가요?
열이나 물에 강하고 잘 변색되지 않습니다.

야마다 : 선물로 할 셈인데..

점원 : 이것은 상당히 할인 되었습니다. 선물로도 딱 좋습니다.

야마다 : 다른 색은 없나요?

점원 : 안으로 들어와 보십시오. 여러 가지 있으니까 천천히 구경하세요.

문 법 노 트

1 『~やすい/~にくい』 ~하기 쉽다/~하기 어렵다

동사의 ます형에 연결되며 형용사처럼 활용한다.

字が小さくて読みにくかったです。글씨가 작아서 읽기 어려웠습니다.

ここは電波が 届きにくいところです。여기는 전파가 도달하기 어려운 곳입니다.

この薬は甘くて飲みやすいです。이 약은 달아서 먹기 쉽습니다.

2 『~ば』 ~하면(가정)

「~ば」 뒤에는 말하는 사람의 희망이나 의지를 나타내는 말이 온다. 모든 동사의 う단을 え단으로 고치고 ~ば를 연결한다.

	만드는 법
동사	어미 う단을 え단으로 고치고 + ば
い형용사	어미 い를 떼고 + ければ
な형용사	어간 + ならば
명사	+ ならば

秋葉原へ行けば安く買えます。 아키하바라에 가면 싸게 살 수 있습니다.

できれば 窓側の席を お願いします。가능하면 창문 쪽의 자리를 부탁합니다.

暑ければ窓を開けてください。더우면 창을 열어주세요.

家賃が高くても周りが静かならばけっこうです。

집세가 비싸도 주위가 조용하면 괜찮아요.

■ 비교!!

安ければ安いほどいいです。〔가정형ば+연체형+ほど〕

싸면 쌀수록 좋습니다.

3 『~ている』 ~아/어 있다〈동작의 결과, 상태〉

「자동사(순간동사) + ている」는 어떤 동작이 이미 이루어져 있는 상태를 나타낸다. 회화체에서는 「~でいます」가 「~てます」의 형태로 많이 사용한다.

住む(살다)나 似る(닮다) 처럼 관습적으로 「~ている」를 써야하는 경우도 있다.

花が咲いています。꽃이 피어 있습니다.

観光客がおおぜい集まっています。관광객이 많이 모여 있습니다.

疲れています。피곤합니다.

窓が開いています。창이 열려 있습니다.

もう起きています。벌써 일어났습니다.

姉は結婚しています。언니는 결혼했습니다.

妹はやせています。여동생은 말랐습니다.

4 『~てみる』 ~해 보다

部長に意見を聞いてみます。부장님께 의견을 물어 보겠습니다.

故障の原因を調べてみてください。고장의 원인을 조사해 봐 주세요.

できるかどうかやってみます。 가능한지 어떤지 해 보겠습니다.

연 습 문 제

1 제시어를 이용해 보기와 같이 고쳐 봅시다.

보기

時間(じかん)がある、行(い)く

↳ 時間(じかん)があれば行(い)きます。

시간이 있으면 가겠습니다.

(1) 今(いま)すぐ出(で)かける´ 間(ま)に合(あ)う。

↳ 今(いま)すぐ________ 間(ま)に合(あ)います。

지금 곧 나가면 시간에 댈 수 있습니다.

(2) ふりがながついてある´ 読(よ)める

↳ ふりがながついて__________読(よ)めます。

토가 달려 있으면 읽을 수 있습니다.

(3) 天気(てんき)がいい´ 散歩(さんぽ)する

↳ 天気(てんき)が__________散歩(さんぽ)しましょう。

날씨가 좋으면 산보합시다.

(4) わからない´ 電話(でんわ)する

↳ __________でんわします。

모르면 전화하겠습니다.

2 보기와 같이 제시어를 고쳐 봅시다.

보기

ソウルに住む。 → ソウルに住んでいます。

서울에 삽니다. 서울에 살고 있습니다.

(1) よくわかる 잘 알다 →

(2) 椅子に座る 의자에 앉다 →

(3) 空が曇る 하늘이 흐리다 →

(4) もう着く 이미 도착하다 →

3 보기와 같이 문장을 고쳐 봅시다.

보기

このぺんは＿書き＿やすいです。(書く) 이 펜은 쓰기 쉽습니다.

(1) この本は＿＿＿＿やすいです。(わかる) 이 책은 이해하기 쉽습니다.

(2) ＿＿＿＿＿やすい番号ですね。(覚える) 외우기 쉬운 번호입니다.

(3) 柔らかくて＿＿＿＿やすい。(食べる) 부드러워서 먹기 쉽습니다.

JAPAN INFO

도쿄의 시장과 상가

아메야요코상점가(우에노)

아메야요코는 JR 우에노역에서 오카치마치역으로 향하는 선로주변 상점가. 수입잡화, 해산물, 가죽제품, 귀금속 등을 파는 상점이 빼곡히 들어서 있다. "떨이요! 바겐세일!" "쌉니다! 싸요"라고 손님을 부르는 목소리가 거리를 가득 채운다. 굳이 무언가를 사지 않아도 보는 것만으로도 즐거워지는 상점가다.

세계적으로 유명한 아키하바라 전자상가는 미래를 주도할 전기, 전자제품부터 부품에 이르기까지, 전기관련 제품은 거의 모두 갖추고 있다. 대략 500개 이상의 점포수를 자랑하며, 면세점도 10개가 넘다. 또한 최근에는 게임 소프트웨어, 애니메이션 관련 제품을 취급하는 상점도 늘어가고 있다. 저렴한 가격, 다양한 제품구성, 전문지식을 갖춘 점원이 있어 많은 사람들로 북적인다.

전자상가(아키하바라)

섬유도매상가(닛포리)

닛포리 섬유 도매상가는 저렴하고 질 좋은 신사복・부인복 옷감과 면・프린트・합성섬유, 단추 등의 부속품을 판매하는 점포가 약 75군데나 있다. 평일 오후에는 학생・주부들로 북적인다.

세계 4대 시장의 하나로 손꼽히는 도쿄의 부엌, 쓰키지! 조가이시장(장외시장)에서는 어패류, 육류, 청과물 이외에도 가공식품, 건어물 등 모든 종류의 음식재료를 구할 수 있다. 시장이 아니면 불가능한 신선한 재료를 사용하는 스시가게 등과 같이 많은 음식점이 늘어서 있는 것도 매력. 정오를 지나면 폐점하므로 방문시 주의!

쓰키지 수산시장

아사쿠사 주변의 갓파바시 도구거리에서는 업무용 식기, 조리기구, 점내가구 등을 판매하고 있다. 일본 특유의 식품 샘플도 이곳에서 구입할 수 있다.

갓파바시 도구거리

오모데산도 힐즈는 오모테산도의 새로운 랜드마크로 각광을 받고 있다. 안도 다다오(安藤忠雄)가 오래된 아파트를 리모델링하여 설계한 건물로 주요 상업 시설은 6층까지 중앙 공간이 뚫려 있고 그 둘레를 나선형의 슬로프가 둘러싸고 있으며 약 100개의 숍과 레스토랑 등이 마치 노점처럼 줄지어 서있다. 최첨단의 세련된 상점과 오래된 아파트의 외벽 일부를 재생한 건물과 느티나무는 오모테산도의 역사와 풍경에 잘 융합된 안정감을 주는 명소다.

오모테산도힐즈

하라주쿠 다케시타도오리는 양쪽으로 젊은이들이 좋아하는 상점이 늘어서 있으며, 활력이 넘치는 곳이다. 이곳에서는 토산 잡화용품도 구입할 수 있다. 한 손에는 맛있는 크레이프를 들고 구경해도 좋을 듯!

하라주쿠 다케시타도오리

14 ソウル シティツアーバス

학·습·포·인·트

1. 『～や ～や ～など』 ～(이)랑 ～(이)랑～ 등
2. 『～たほうがいい』 ～하는 편이 낫다
3. 『～てもいいですか』 ～해도 됩니까?

단어

旅行社職員(りょこうしゃしょくいん) 여행사직원
シティツアーバス 시티투어버스
都心循環(としんじゅんかん) 도심순환
一日自由利用券(いちにちじゆうりようけん) 1일 자유이용권
故宮(こきゅう) 고궁
夜景(やけい) 야경
梨泰院(イテウォン) 이태원
仁寺洞(インサドン) 인사동
東大門市場(とうだいもんいちば) 동대문시장
コース 코스
～たほうがいい ～하는 편이 낫다
乗車券(じょうしゃけん) 승차권
購入(こうにゅう) 구입
～てもいい ～해도 된다
～際(さい) ～할 때
出発場所(しゅっぱつばしょ) 출발장소
～から ～로부터(에게)
夕方(ゆうがた) 저녁 무렵
～おきに ～간격으로

旅行社職員(りょこうしゃしょくいん)：いらっしゃいませ。

山田(やまだ)：シティツアーバスに乗(の)りたいですが、どんなコースがありますか。

旅行社職員(りょこうしゃしょくいん)：都心循環(としんじゅんかん)コースと故宮(こきゅう)コース、夜景(やけい)コースがあります。

山田(やまだ)：梨泰院(イテウォン)や仁寺洞(インサドン)や東大門市場(とうだいもんいちば)などに行(い)きたい ですが。

旅行社職員(りょこうしゃしょくいん)：それなら都心循環(としんじゅんかん)コースで一日自由利用券(いちにちじゆうりようけん)を購入(こうにゅう)し た方(ほう)がいいです。

山田(やまだ)：乗車券(じょうしゃけん)はここで買(か)ってもいいですか。

旅行社職員(りょこうしゃしょくいん)：バスに乗車(じょうしゃ)する際(さい)、ガイドから購入(こうにゅう)してください。

山田(やまだ)：出発場所(しゅっぱつばしょ)はどこですか。

旅行社職員(りょこうしゃしょくいん)：光化門(クァンファムン)の東和免税店(トンファめんぜいてん)の前(まえ)です。

午前(ごぜん)9時(じ)から夕方(ゆうがた)7時(じ)まで30分(ぷん)おきに出発(しゅっぱつ)します。

山田(やまだ)：どうもありがとう。

여행사직원 : 어서 오십시오

야마다 : 시티투어버스를 타고 싶은데 어떤 코스가 있나요?

여행사직원 : 도심순환코스, 고궁코스, 야경코스가 있습니다.

야마다 : 이태원이랑 동대문시장이랑 인사동 등을 가고 싶은데요.

여행사직원 : 그렇다면 도심순환코스로 1일 자유이용권으로 이용하는 편이 낫습니다.

야마다 : 팃켓은 여기서 사도되나요?

여행사직원 : 승차할 때 안내원에게 구입해 주세요.

야마다 : 출발장소는 어딘가요?

여행사직원 : 광화문 동화면세점 앞입니다.

오전9시부터 저녁 7시까지 30분 간격으로 출발합니다.

야마다 : 대단히 고맙습니다.

문 법 노 트 ▸▸

1 『~や ~や ~など』 ~(이)랑 ~(이)랑 ~등

100円ショップは文房具やキッチン用品や浴室用品などいろいろあります。

100엔샵에는 문방구랑 부엌용품이랑 욕실용품 등 여러 가지 있습니다.

11階のレストラン街はイタリア料理やタイ料理インド料理などがあります。

11층 레스토랑가에는 이탈리아요리랑 타이요리랑 인도요리 등이 있습니다.

2 『동사-た형 + たほうがいい』 ~하는 편이 낫다

충고나 조언을 할 때 쓰는 표현이다. 동사-た형은 과거형으로 동사-て형과 같다.

동사의 종류		사전형 (~다)	た형 (~았/었다)	어미변화
Ⅰ그룹동사	イ음편	書く쓰다	かいた썼다	「ーく/ーぐ」 ⇒ 「ーいた/ーいだ」
		泳ぐ수영하다	およいだ수영했다	
		行く*가다	いった*갔다	예외
	ツ(促音)음편	買う사다	かった샀다	「ーう/ーつ/ーる」 ⇒「ーった」
		立つ서다	たった섰다	
		帰る돌아가다	かえった돌아갔다	
	ン(撥音)음편	死ぬ죽다	しんだ죽었다	「ーぬ/ーぶ/ーむ」 ⇒「ーんだ」
		呼ぶ부르다	よんだ불렀다	
		読む읽다	よんだ읽었다	
	무음편	話す말하다	はなした말했다	음편 없음
Ⅱ그룹동사		起きる일어나다	おきた일어났다	음편 없음
		寝る자다	ねた잤다	
Ⅲ그룹동사		くる오다	きた왔다	음편 없음
		する하다	した했다	

熱がありますから休んだ方がいいです。

열이 있으니까 쉬는 편이 낫습니다.

道が込んでますから地下鉄に乗った方がいいです。

길이 혼잡하니까 지하철을 타는 것이 낫습니다.

早く薬を飲んだ方がいいでしょう。

빨리 약을 먹는 편이 좋을 것 같아요.

遅すぎましたから電話はしない方がいいでしょう。

너무 늦었으니까 전화는 안하는 것이 좋겠죠.

雪が降ってますから運転はしないほうがいいでしょう。

눈이 내리고 있으니까 운전은 하지 않는 것이 좋을 거예요.

■ 비교!!

「동사(기본형) + ほうがいい」는 양자택일할 때 쓴다.

A : バスに乗りましょうか。タクシーに乗りましょうか。

버스를 탈까요? 택시를 탈까요?

B : タクシーに乗る方がいいです。택시를 타는 게 낫습니다.

3 『~てもいいか』 ~해도 됩니까?

「동사의て형 + てもいいですか」는 '~해도 됩니까?'라는 허가의 여부를 묻는 표현이다. ~てもかまいませんか를 쓰면 좀 더 정중한 느낌이 든다. 또한 「동사의 て형+てはいけない」는 '~해서는 안 된다'고 할 때 쓰는 표현이다.

ここでタバコを吸ってもいいですか。여기서 담배를 피워도 됩니까?

ここに座ってもいいですか。여기에 앉아도 됩니까?

ここで写真をとってもいいですか。여기서 사진을 찍어도 됩니까?

そんなに急がなくてもいいです。그렇게 서두르지 않아도 됩니다.

연습문제 ▸▸

1 제시어로 다음 보기처럼 고쳐 봅시다.

보기

公園(こうえん)で遊(あそ)ぶ

→ 公園(こうえん)で遊(あそ)んでもいいですか。

공원에서 놀아도 됩니까?

(1) 歌(うた)を歌(うた)う

→ ＿＿＿＿＿＿＿＿てもいいですか。

노래를 불러도 됩니까?

(2) 自転車(じてんしゃ)にのる

→ 自転車(じてんしゃ)に＿＿＿てもいいですか。

자전거를 타도 됩니까?

(3) バイオリンを引(ひ)く

→ バイオリンを＿＿＿てもいいですか。

바이올린을 켜도 됩니까?

2 제시어를 이용해 보기와 같이 고쳐 봅시다.

보기

タバコを吸(す)る

↳ ロビーではタバコを<u>吸(す)ってはいけません</u>。

로비에서는 담배를 피워서는 안 됩니다.

(1) 写真(しゃしん)をとる

↳ ここで________________。

여기서 사진을 찍어서는 안 됩니다.

(2) 入(はい)る

↳ 中(なか)に________________________。

안에 들어가서는 안 됩니다.

(3) 手(て)で触(さわ)る

↳ 展示品(てんじひん)を手(て)で__________________。

전시품을 손으로 만져서는 안 됩니다.

(4) ゴミを捨(す)てる

↳ ここに____________________。

여기에 쓰레기를 버려서는 안 됩니다.

新단어 入(はい)る들어가다 手(て)で触(さわ)る손으로 만지다 展示品(てんじひん)전시품

ゴミを捨(す)てる쓰레기를 버리다

3 보기와 같이 문장을 고쳐 봅시다.

보기

暑(あつ)いときはビールを飲(の)んだ方(ほう)がいいです。(飲(の)む)

더울 때는 맥주를 마시는 편이 낫습니다.

(1) 具合(ぐあい)がわるいときは________方(ほう)がいいです。(休(やす)む)

컨디션이 나쁠 때는 쉬는 게 낫습니다.

(2) 道(みち)が込(こ)むときは________方(ほう)がいいです。(電車(でんしゃ)にのる)

길이 붐빌 때는 전철을 타는 게 낫습니다.

(3) ここでは携帯電話(けいたいでんわ)は________ない方(ほう)がいいです。(使(つか)う)

여기서는 휴대전화는 사용하지 않는 것이 좋습니다.

(4) 健康(けんこう)のためにタバコは________ない方(ほう)がいいです。すい。(吸(す)う)

건강을 위해 담배는 피지 않는 것이 좋습니다.

新단어 具合(ぐあい)がわるい 몸 상태가 나쁘다 道(みち)が込(こ)む 길이 붐비다 携帯電話(けいたいでんわ) 휴대전화
健康(けんこう) 건강 ~のために ~를 위해서

JAPAN INFO

東京도쿄의 교통망과 볼거리

도쿄주변은 전형적인 도시근교농업이 활발하며, 야채나 화훼재배가 많다. 특히, 지바현은 야채생산량이 일본제일이다. 이바라키, 도치기, 지바현을 중심으로 양돈, 양계, 낙농이 성하다. 태평양측은 어획고가 높다.

수도 도쿄는 대부분의 대기업과 외국회사, 대중매체의 본거지가 도쿄도내에 집중하고 있으며, 오피스빌딩, 맨션, 도로, 철도(지하철)가 집적해 있다. 도쿄도심의 신주쿠 이케부쿠로 시부야 긴자 우에노를 중심으로 백화점, 전문점, 고급브랜드점 등의 대규모상업시설과 음식점의 집적도가 높다. 도쿄 이외에는 요코하마, 오미야, 지바, 마에바시, 하치오지, 후나바시, 기치조지, 다차가와 등에 상업이 집적하고 있다. 또한, 정치와 교육과 문화의 중심지이며, 일본금융의 중핵일 뿐만 아니라 IT관계 등이 집적하고 있다.

▲ 도쿄도청

▲ 신주쿠 파크타워

▲ 도쿄역(야간)

▲ 도쿄역내 도쿄스테이션호텔(1914년 완공)

JAPAN INFO

신주쿠의 밤

▲ 카부키초

▲ 코마극장

▲ 야키도리요코초

▲오모이데요코초

여러 사연을 담고 있는 신주쿠의 밤 모습! 가부키초는 도쿄 최대의 환락가로 수 많은 음식점 외에도 영화관, 극장 등이 있다. 오모이데요코초, 야키토리요코초에는 다양하고도 개성적인 음식점이 좁은 골목길에 늘어서 있다. 카운터 좌석 형태가 주류를 이루는 가게들은 야키토리, 라면과 같은 일반적인 음식에서 약간 특이한 요리에 이르기까지 부담 없이 즐길 수 있는 곳이다.

MEMO

15 釜山観光(ぷさんかんこう)

학·습·포·인·트

1. 『~たことがある』 ~한 적이 있다
2. 『~かもしれません』 ~일지도 모른다
3. 『~たら』 ~면
4. 『~ないでください』 ~하지 마세요

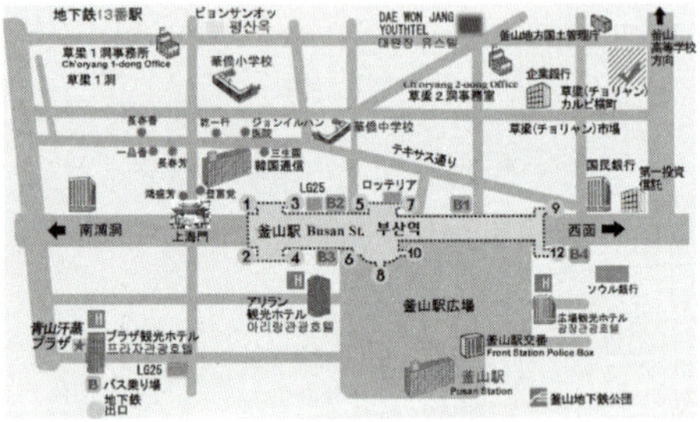

단어

釜山(ぷさん) 부산
~たことがある ~한 적이 있다
来週(らいしゅう) 다음주
南浦洞(ナンポドン) 남포동
龍頭山(ヨンドゥサン) 용두산
海雲台(ヘウンデ) 해운대
~たら ~면
西面(ソミョン) 서면
2号線(にごうせん) 2호선
乗(の)り換(か)える 갈아타다
行(い)ける 갈 수 있다
その他(ほか)に 그 외에
みところ 볼만한 곳
名所(めいしょ) 명소
やっぱり 역시
チャガルチ市場(いちば) 자갈치시장
刺身屋(さしみや) 횟집
有名(ゆうめい)だ 유명하다
大好物(だいこうぶつ) 매우 좋아함
~ないでください ~하지 마세요

李　：釜山に行ったことがありますか。

山田：いいえ。でも来週行くかもしれません

李　：それなら、南浦洞、龍頭山公園、海雲台ぐらいは行ってみてください。

山田：海雲台はどう行ったらいいですか。

李　：釜山駅についたら地下鉄に乗ってください。

　　　西面で2号線に乗り換えれば海雲台に行けます。

山田：その他にみどころは。

李　：釜山の名所はやっぱりチャガルチ市場ですね。

　　　刺身屋で有名です。

山田：刺身は大好物です。

李　：でも、食べ過ぎないでください。

山田：はい。はい。

李　　: 부산에 가 본적이 있습니까?
야마다 : 아뇨. 다음 달에 갈지 몰라요.
李　　: 그럼, 남포동, 용두산공원, 해운대는 꼭 가보세요.
야마다 : 해운대는 어떻게 가면 되나요?
李　　: 부산역에 도착하면 지하철을 타세요.
　　　서면에서 2호선으로 갈아타면 해운대에 갈 수 있습니다.
야마다 : 그 외 볼만한 곳은요?
李　　: 부산의 명소는 역시 자갈치시장입니다. 횟집이 유명합니다.
야마다 : 회라면 얼마든지 먹을 수 있어요.
李　　: 그래도 과식하지 마세요.
야마다 : 네. 네.

문법노트

1 『~たことがある』 ~한 적이 있다

「동사-た형 + たことがある」는 경험을 나타낸다.

日本の映画を見たことがありますか。일본영화를 본적이 있습니까?

まだ飛行機に乗ったことがありません。아직 비행기를 탄 적이 없습니다.

2 『~かもしれません』 ~일지도 모른다/~할지도 모른다

말하는 사람의 말하고 있는 그 당시의 추측을 나타낸다. 단정을 피하여 표현을 부드럽게 하기 위해서 사용하거나 자신의 주장을 펴기 전의 전제로 사용되기도 한다.

긍정	현재	과거
동사	원형(ーる)+かもしれません	과거형(ーた)+かもしれません
い형용사	원형(ーい)+かもしれません	과거형(ーかった)+かもしれません
な형용사	어간+かもしれません	과거형(ーだった)+かもしれません
명사	+かもしれません	+だったかもしれません

부정	현재	과거
동사	ない형+ないかもしれません	ない형+なかったかもしれません
い형용사	어미い→く+ないかもしれません	어미い→く+なかったかもしれません
な형용사	어간+ではないかもしれません	어간+ではなかったかもしれません
명사	+ではないかもしれません	+ではなかったかもしれません

来週から働くかもしれない。다음 주부터 일하게 될지 몰라

山田さんは来ないかもしれません。 야마다씨는 안 올지도 모릅니다.

デパートは今日休みかもしれない。백화점은 오늘 쉬는 날일지 몰라.

3 『~たら』 ~면

「동사+たら」는 앞으로(미래에) 무언가가 이루어지거나 일어났을 때라는 의미를 가진다. 「형용사, 명사+たら」는 앞으로~하면(이면)이라고 할 때 쓰는 표현이다.

	만드는 법
동사	동사–て형+たら/ったら/んだら
い형용사	어간(い떼고)+かったら
な형용사	어간+だったら
명사	+だったら

釜山(ぷさん)に行(い)ったら海雲台に遊(あそ)びにいきたいです。

부산에 가면 해운대에 놀러 가고 싶습니다.

寒(さむ)かったら行(い)かないかもしれません。

추우면 안 갈지도 모릅니다.

今度(こんど)の日曜日(にちようび)に暇(ひま)だったら遊(あそ)びに来(き)てください。

이번 일요일에 한가하면 놀러 오세요.

4 『~ないでください』 ~하지 말아 주세요/~하지 마세요

「동사–ない형+ないでください」는 일종의 금지를 나타내는 요청의 표현이다. 친한 사이에는 「~ないで」로도 쓰는데 '~하지마'란 뜻이 된다.

ここにゴミを捨(す)てないでください。

여기에 쓰레기를 버리지 마세요.

芝生(しばふ)の中(なか)に入(はい)らないでください。

잔디밭 안에 들어가지 마세요.

연습문제

1 밑줄 친 동사를 보기와 같이 고쳐 봅시다.

보기

わたしにかまう。

↳ わたしにかまわないでください。
나를 상관하지 말아 주세요.

(1) いきなり止(と)まる。갑자기 멈추다

↳

(2) 花(はな)を折(お)る。꽃을 꺾다

↳

(3) 電話(でんわ)をかける。전화를 걸다

↳

(4) もう二度(にど)と来(く)る。두 번 다시 오다

↳

新단어 かまうい상관하다 きなり갑자기 止(と)멈추다 折(お)る꺾다 かける걸다

2 다음 보기와 같이 밑줄 친 동사를 고쳐 문장을 완성해 봅시다.

보기

日本(にほん)の雑誌(ざっし)を<u>読(よ)む</u>。 → 日本(にほん)の雑誌(ざっし)を読(よ)んだことがあります。
일본 잡지를 읽다 일본 잡지를 읽은 적이 있습니다.

(1) 道(みち)に迷(まよ)う。 → 暗(くら)いところで
길을 잃다 어두운 곳에서

(2) 手術(しゅじゅつ)をする。 → 中学生(ちゅうがくせい)のとき
수술을 하다 중학생 때

(3) 財布(さいふ)を盗(ぬす)まれる。 → バスの中(なか)で
지갑을 도둑맞다 버스 안에서

(4) 住(す)んでいる → 東京(とうきょう)に
살다 도쿄에

新단어 道(みち)に迷(まよ)う길을 잃다 暗(くら)い어둡다 手術(しゅじゅつ)수술 財布(さいふ)지갑 盗(ぬす)まれる도둑맞다

3 다음을 작문해 봅시다.

(1) 아르바이트를 한 적이 있습니다.

(2) 추우면 창을 닫아도 됩니다.

(3) 회사를 그만둘지도 모르겠습니다.

(4) 방해하지 마세요.

新단어 アルバイト아르바이트 やめる그만두다 じゃまをする방해하다

bonus TIP ▸▸ 한국음식 VS 일본음식

■ 한국음식의 일본이름

ビビンバー	비빔밥	ケジャン	게장
石焼(いしや)きビビンバー	돌솥비빔밥	ナムル	나물
キムチ	김치	サンチュー	상추
水(みず)キムチ	물김치	ソルロンタン	설롱탕
チヂミ	찌짐(전)	ユッケジャン	육개장
カルビ	갈비	トッポッキ	떡볶이
クッパー	국밥	コチュジャン	고추장
コムタン	곰탕	サムゲタン	삼계탕
チゲ	찌게	スンドゥブ	순두부
ユッケ	육회	プルコギ	불고기

■ 일본음식의 한국이름

寿司(すし)	초밥	お握(にぎ)り	주먹밥
お好(この)み焼(や)き	부침개	豚(とん)カツ	돈까스
たい焼(や)き	붕어빵	チャーハン	볶음밥
茶碗蒸(ちゃわんむ)し	계란찜	牛丼(ぎゅうどん)	쇠고기덮밥
串焼(くしやき)	꼬치	赤飯(せきはん)	팥밥(찰밥)
かば焼(や)き	장어덮밥	お粥(かゆ)	죽
漬物(つけもの)	장아찌	お焦(こ)げ	누룽지
和(あ)え物(もの)	무침	焼(や)き肉(にく)	불고기
天(てん)ぷら	튀김	のり巻(ま)き	김밥
ご飯(はん)	밥	水団(すいとん)	수제비

JAPAN INFO

긴키지방과 오사카의 볼거리

일본 제2의 도시로 '일본의 부엌'으로 일컬어질 정도로 상업이 번창한 오래된 항구도시이다. 고베, 교토를 잇는 긴키지방 최대의 도시로 금융, 정치의 중심지이기도 하다. 일본최대의 연예 프로모션이 있어서 연예인이 많이 배출된다.

칸사이국제공항

오사카성

↖ 전망대가 있는 통천각

← 도톰보리

도톰보리 주변의 상점가들은 먹거리로 유명한 오사카의 진면모를 보여준다.

노면전차(일명 친친덴샤)

일본3대 마쓰리의 하나인 텐진마쓰리

혼슈의 중서부에 위치한 **近畿**긴키지방은 서일본의 상업과 산업의 중심지로 옛 수도였던 **京都**교토는 일본문화 발상지이며, **大阪**오사카는 상업도시로 금융의 중심지, **神戸**고베는 일본근대화의 상징인 항구도시로 유명하다. 이 지역의 **阪神**한신공업지대는 화학, 기계, 철강, 금속, 조선이 주요산업이다. 긴키는 지리학적 구분이며 별명인 **関西**간사이는 문화와 역사적인 구분으로 간토와 대비되는 명칭이다. 특히, 이쪽 방언을 関西弁간사이벤이라 한다.

기요미즈테라

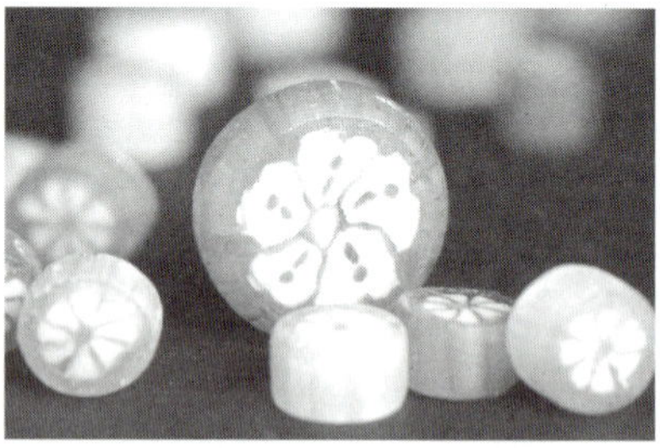

교토특산 사탕

아와이마쓰리행렬

도다이지 대불전

나라 사슴공원

야경이 아름다운 고베항

MEMO

16 飛行機(ひこうき)の中(なか)で

학·습·포·인·트

1. 『お+동사-ます형+する』 낮춤말
2. 『お+동사-ます형+になる』 높임말
3. 특별한 경어동사
4. 『~(よ)う』 동사의 의향/의지형

단어

皆様(みなさま) 여러분
機長(きちょう) 기장
申す(もうす) 말하다
本日(ほんじつ) 오늘
~便(~びん) ~편
搭乗(とうじょう) 탑승
携帯電話(けいたいでんわ) 휴대전화
大韓航空(たいかんこうくう) 대한항공
いただく 받다
飛び立つ 날아오르다
成田空港(なりたくうこう) 나리타공항
流れる(ながれる) 흐르다
使用(しよう) 사용
~のおそれがある ~할 우려가 있다
シートベルトをつける 안전벨트를 메다
飛行中(ひこうちゅう) 비행 중
時速(じそく) 시속
約(やく) 약
ほど 정도
着陸(ちゃくりく) 착륙
~にむかう ~를 향하다
使う(つかう) 사용하다,
戻す(もどす) 제자리로 돌리다
座席(ざせき) 좌석
安全(あんぜん) 안전
電気製品(できせいひん) 전자제품
禁煙(きんえん) 금연
利用(りよう) 이용
禁止(きんし) 금지
高度(こうど) 고도

機内放送(離陸)

皆様、こんにちは。 機長の林と申します。

本日も、大韓航空747便にご搭乗いただきまして、誠にありがとうございます。この飛行機は、ただいま金海(キムへ)空港を飛び立ち、ノンストップで成田に向かいます。飛行中は、高度一万メートル、時速千キロで参ります。成田までは、約2時間ほどかかります。ありがとうございます。

....

機内放送(着陸)

皆様、 あと15分で成田国際空港に着陸いたします。

お使いになりましたテーブルと座席のシートをもとに戻してください。これより安全のためにシートベルトをおつけください。なお、着陸中は機械の誤作動の恐がありますので、機内での電気製品、特に携帯電話のご使用は禁じております。ご使用にならないようにお願いします。

本日も、大韓航空をご利用いただきまして、誠にありがとうございます。

기내방송(이륙) : 여러분, 안녕하십니까? 기장인 하야시입니다. 오늘도 대한항공747편에 탑승해주셔서 대단히 고맙습니다. 이 비행기는 지금 김해공항을 출발해, 논스톱으로 부산으로 향합니다. 비행중은 고도 1만 미터, 시속 천킬로로 운항합니다. 부산까지는 2시간정도 걸립니다. 고맙습니다.

기내방소(착륙) : 여러분 앞으로 15분 후에 나리타국제공항에 착륙하려고 합니다. 사용하신 테이블과 좌석시트를 원래 있던 곳으로 되돌려놓으십시오. 지금부터 안전을 위해 안전띠를 착용해 주십시오. 또한, 착륙중에는 기계가 오작동할 우려가 있으므로 기내에서의 전자제품, 특히 휴대전화의 사용은 금지되어 있습니다. 사용하지 않도록 부탁드립니다. 오늘도 대한항공을 이용해주셔서 진심으로 감사드립니다.

문법노트 ▸▸

1 공대말(경어)

공대말(경어)은 말을 듣는 상대방이나 화제의 인물에 대한 경의를 나타내는 표현이다. 일본어의 공대말에는 상대를 높이는 높임말(존경어), 자신을 낮추는 낮춤말(겸양어), 예의를 갖추어 말하는 공손어(です/ます의 정중체)가 있다. 고치는 법은 일반적인 동사일 경우는 높임말은『お+동사-ます형+になる』로, 낮춤말은『お+동사-ます형+する』로 바꾸어 말하면 된다. 우리말에 선어말 존경어미 '시'에 해당한다고 보면 된다.

2 『お+동사-ます형+になる』 높임말(존경어)

'존경'을 나타내는 가장 일반적인 형식이다. 3그룹동사나 1음절 2그룹동사(見る、着る)는 이 형태로 잘 쓰이지 않는다.

☞ 待つ 기다리다 ⇒ お待ちになる 기다리시다
帰る 돌아오다 ⇒ お帰りになる 돌아오시다

いつからお泊まりになりますか。 언제부터 숙박하시겠습니까?
もし、 夜遅くお着きになりましたら、ご連絡お願いします。
만약, 밤늦게 도착하시면, 연락 부탁드립니다.

3 『お/ご~する/いたす』 ~해 드리겠습니다.

말하는 사람이 자신을 낮추는 어법으로 お+え동사의「ます」형+する이나 ご+한자어명사+する의 형태로 바뀐다.

荷物をお部屋までお持ち致します。 짐을 방까지 들어 드리겠습니다.
面接の結果は電話でお知らせします。 면접결과는 전화로 알려 드리겠습니다.
来週まではご連絡致します。 주말까지는 연락해 드리겠습니다.

4 『특별한 경어동사』

존경어	기본	겸양어
おっしゃる	言う말하다 話す이야기하다	申す/申し上げる
めしあがる	食べる먹다	いただく
いらっしゃる	行く가다	参る/うかがう
いらっしゃる/おいでになる	来る오다	参る/うかがう
いらっしゃる/おいでになる	いる있다	おる
	聞く묻다	伺う
お目にかかる	会う만나다	
ごらんになる	みる보다	拝見する
なさる	する하다	致す
	ある있다	ござる
	もらう받다	いただく
くださる	くれる주다	

キムと申します。 김이라고 합니다.

飲み物は何になさいますか。 음료수는 무엇으로 하시겠습니까?

先生は何とおっしゃいましたか。 선생님은 뭐라고 말씀하셨습니까?
どうぞ、ごゆっくりめしあがってください。 그럼, 천천히 드십시오.
こちらをごらんになってください。 이쪽을 봐주십시오.

5 『~ていただく』 ~해 주시다

「동사-て형+ていただく」는 「동사-て형+もらう」(~해 받다)의 경어로 '누군가 무엇을 해주었다'는 것을 나타내는 가장 정중한 표현이다.

この間はご案内いただきありがとうございます。지난번에는 안내해 주셔서 감사합니다.

6 『~で』 ~으로(방법) ~에(한정)

毎日はだしではしる。매일 맨발로 달린다.

会議は3時で終わる。회의는 3시에 끝난다.

7 『~(よ)う』 (동사의 의향/의지형)

「동사-의향형+(よ)うとおもう」의 형태로 '~하려고 한다'라는 뜻으로 쓰인다. 단독으로 쓰일 때는 '~하자'란 뜻을 나타낸다

동사의 종류	사전형 (~다)	의향/의지형 (~하려고/~하자)	어미변화
Ⅰ그룹동사	買う사다	かおう	어미「ウ」단 ⇒「オ」단 + う
	歩く걷다	およごう	
	話す말하다	はなそう	
	立つ서다	たとう	
	死ぬ죽다	しのう	
	呼ぶ부르다	よぼう	
	読む읽다	よもう	
	帰る돌아가다	かえろう	
Ⅱ그룹동사	食べる먹다	たべよう	어미「る」탈락 + よう
	寝る자다	ねよう	
Ⅲ그룹동사	くる오다	こよう	불규칙
	する하다	しよう	

日曜日はロッテワールドへ行こうと思っています。일요일은 롯데월드에 갈려고 합니다.

これから真面目に勉強しようと思っています。앞으로는 성실하게 공부하려고 합니다.

MEMO

연 습 문 제 ►►

1 다음 동사를 경어로 고쳐 봅시다.

보기

帰(かえ)る → お帰(かえ)りになる
돌아오다 돌아오시다

(1) 書(か)く 쓰다
(2) 読(よ)む 읽다
(3) 泊(と)まる 묵다
(4) 着(つ)く 도착하다
(5) 待(ま)つ 기다리다

2 다음 보기와 같이 밑줄 친 곳에 동사를 넣어 문장을 완성해 봅시다.

보기

A : 何時(なんじ)にいらっしゃいますか。(くる)
몇 시에 오십니까?
B : あしたの午後(ごご)2時(じ)にまいります。
내일 오후 2시에 가겠습니다.

(1) A : 食事(しょくじ)は何(なに)に__________。(する)
식사는 무엇으로 하시겠습니까?
B : カレーに__________。
카레로 하겠습니다

(2) A : 田中社長(たなかしゃちょう)は__________。(いる)
다나까 사장님은 계십니까?
B : はい、__________。(가족일 때)
네, 계십니다.

(3) A：お名前は何と＿＿＿＿＿＿。(言う)
성함은 무엇이라고 하십니까?
B: 李と＿＿＿＿＿＿。
이○○라고 합니다.

3 제시어로 다음 보기처럼 고쳐 봅시다.

보기

休む

→ うちでテレビを見ながら休もうと思います。

집에서 텔레비전을 보면서 쉬려고 합니다.

(1) 登る

→ 友だちと山へ＿＿＿＿＿と思います。

친구와 산에 오르려고 합니다.

(2) つりに行く

→ 友だちとつりに＿＿＿＿＿と思います。

친구와 낚시 갈려고 합니다.

(3) お墓参りをする

→ 家族とお墓参りを＿＿＿＿＿と思います。

가족과 성묘 갈려고 합니다.

bonus TIP ▶▶ 기내관련용어

使用中(しようちゅう)	사용 중	空(あ)き	비어 있음
スチュワーデス	스튜어디스	スチュワード	스튜어드
非常口(ひじょうぐち)	비상구	免税品(めんぜいひん)	면세품
禁煙室(きんえんしつ)	금연실	喫煙室(きつえんしつ)	흡연실
通路(つうろ)	통로	窓側(まどがわ)	창가
座席番號(ざせきばんごう)	좌석번호	中央(ちゅうおう)	중앙
枕(まくら)	배게	毛布(もうふ)	모포
ナプキン	냅킨	コップ	컵
薬(くすり)	약	酔(よ)い止(ど)め	멀미약
おしぼり	물수건	嘔吐袋(おうとふくろ)	구토용 봉지

JAPAN INFO JAL과 ANA

JAL(Japan Airlines Corporation)은 (주)일본항공의 영문 약칭으로 일본 도쿄도 시나가와구에 본사를 두고 있는 정기항공운송사업을 중심으로 하는 기업그룹의 경영을 총괄할 목적으로 설립된 특수회사이다. 日航(にっこう) 또는 ジャル이라 한다. 1951년에 설립된 일본의 대표적인 항공사이다.

▲ JAL의 승무원들

▲ ANA

ANA(All Nippon Airways Co.,Ltd.)는 전일본공수주식회사(全日本空輸株式会社)의 약자로 젠닛쿠라고도 한다. 도쿄 근교의 나리타 국제공항을 중심으로 국제선과 하네다 공항을 중심으로 한 국내선을 운영하고 있다. 다른 허브 공항으로는 오사카 남쪽의 간사이 국제공항(국제선)과 도쿄 국제공항과 오사카 국제공항, 나고야 근교의 주부 국제공항, 삿포로 근처의 신치토세 공항(각 국내선)을 사용하고 있다. 스타 얼라이언스에 속한다. 예전에는 일본 최대의 국내항공사였으나 지금은 일본 제2위의 국내 및 국제항공사이다. 1952년에 설립되었다.

MEMO

|부록|

관광관련 회화 자료실
동사 따라잡기

[관광관련 회화 자료실]

••• | 항공관련

〇〇航空の カウンターはどこでしか。〇〇항공의 카운터는 어디입니까?

切符とパスポートを見せてください。표와 여권을 보여주십시오.

この出国出カードにご記入ください。이 출국카드에 기입해주십시오.

搭乗手続きは何時までですか。탑승수속은 몇 시까지입니까?

出發時間を確認確したいんですが。출발시간을 확인하고 싶은데요.

どのくらい遅れますか。어느 정도 늦습니까?

案内所はどこですか。안내소는 어디입니까?

喫煙室にしてください。흡연실로 해주세요.

荷物はいくつですか。짐은 몇 개입니까?

成田空港には何時につきますか。나리타공항에 몇 시에 도착합니까?

空港利用料を払わなければなりません。공항이용요금을 지불해야 합니다.

税関申告書を書いてください。관세신고서를 써주십시오.

••• | 프런트 관련

どちら様で いらっしゃいますか。어느 분이십니까

恐れ入りますが、 カードへ ご記入ください。죄송합니다만, 카드에 기입해 주십시오.

○○号室で ございます。 ベルマンが ご案内致します。

○○호실입니다. 벨맨이 안내해 드리겠습니다.

お休みなさいませ。편히 쉬십시오.

お立ちでございますか。떠나십니까?

エレベータは あちらで ございます。엘리베이터는 저쪽입니다.

しばらく、 こちらで お待ちください。잠시 여기서 기다려주십시오.

お勘定は フロントキャッシャーで お支拂いください。

계산은 프론트캐셔에서 지불해주십시오.

お部屋のキーをいただけますか。룸키를 주시겠습니까?

••• | 도어맨/벨보이 관련

いらっしゃいませ。 ○○ホテルで ございます。 フロントへ ご案内致します。

어서오십시오. ○○호텔입니다. 프론트로 안내해 드리겠습니다

お荷物は 大小 三個で ございますね。짐은 대소 3개이시죠.

お部屋へ ご案内致します。 / ○○号室へ ご案内致します。

방으로 안내해 드리겠습니다. / ○○호실에 안내해 드리겠습니다.

▪ 손님에게 질문을 받았을 때

はい、 少々お待ちください。 / ただいま、 すぐお伺い致します。 / たいへん、 お待たせ致しました。

잠시 기다려주십시오. / 지금 곧바로 물어보겠습니다. / 많이 기다리게 해서 죄송합니다.

担当のものが ご案内致します。 少々お待ちくださいませ。

담당자가 안내해 드릴 것입니다. 잠시 기다려주십시오.

その件は フロントが ご説明致します。 / 電話で、 7番、 フロントへ お尋ねください。

그 건은 프론트에서 설명해드릴 것입니다. / 전화로 7번 프론트에 물어주십시오.

▪ 사과하기

大変、 失礼致しました。대단히, 실례했습니다.

ご迷惑を お掛け致しました。피해를 끼쳐드려 죄송합니다.

●●● | 레스토랑 용어

▪ 스테이크를 선택할 때

ステーキは いかが お焼き致しましょうか。스테이크는 어느 정도로 구울까요?

「 レアー / ミディアム / ミディアムウェル / ウェルダム 」でお願いします。

「레어 / 미디엄 / 미디엄웰 / 웰덤」로 부탁합니다.

▪ 요리가 만족스럽지 않을 때

お料理を すぐ お取り替え致します。요리를 곧 바꿔드리겠습니다

スープが冷えています。수프가 식었습니다.

トーストが焼きすぎです。토스트가 너무 많이 구워졌군요.

卵が生です。계란이 덜 익었습니다.

コーヒーがなまぬるいんです。커피가 미지근해요.

⇒ **申し訳ありません。かわりを お持ち致します。** 죄송합니다. 다른 것을 가져오겠습니다.

▪ 식당에서

いらっしゃいませ。 何名様でございますか。어서 오십시오. 몇 분이십니까?

お二人様でございますね。 こちらへどうぞ。두 분이죠. 이쪽으로 오십시오.

お下げしてもよろしいですか。치워도 되겠습니까?

税金とサービス料込で、 2万5千円でございます。

세금과 서비스료를 합해서 2만5천 원입니다.

••• | 관광지에서의 필수표현

みなさま、 ここが佛国寺です。 여러분, 여기가 불국사입니다.

カメラと簡単な所持品をお持ちになって、ゆっくりお降りください。

카메라와 간단한 소지품을 가지고 천천히 내리십시오.

記念写真を撮りますので、 お集まりください。기념사진을 찍을 테니 모여 주십시오.

じゃあ、 いいですか。 はい、 笑って、 キムチー。그럼, 됐습니까? 네, 웃어요. 치-즈

展示品には触ってはいけませんので、 ご注意ください。

전시품에는 손을 대어서는 안 되므로 주의해주십시오.

危ないですから、 気をつけてください。위험하니까 조심하십시오.

お手持ち品なとをお忘れなくお願いします。소지품 등을 잊지 않도록 부탁드립니다.

お忘れ物をなさらないようにお願いします。잊으신 물건이 없도록 부탁드립니다.

면접필수표현

Q：お名前は何ですか。

이름은 무엇입니까?

A：キムヨンスクと申します。

김영숙입니다.

Q：趣味は何ですか。

취미는 무엇입니까?

A：旅行です。 またスポーツを楽しむことも好きです。

여행입니다. 또, 스포츠를 즐기는 것도 좋아합니다.

Q：生年月日はいつですか。

생년월일은 언제입니까?

A：1982年4月1日です。

1982년 4월 1일입니다.

Q：日本語はどこで習いましたか。

일본어는 어디서 배웠습니까?

A：学校で習って、 日本で1年間、 語学研修をしてきました。

학교에서 배워서, 일본에 1년간 어학연수를 갔다 왔습니다.

Q：なぜ内のホテルを希望しますか。

왜 우리 호텔을 희망합니까?

A：実習のとき、 このホテルで働いてみましたが、 学校で習ったことを活かして自分の夢を伸ばせるところだと思います。

실습 때, 이 호텔에서 일해 보았는데, 학교에서 배운 것을 살려서 자신의 꿈을 펼 수 있는 곳이라고 생각합니다.

Q：自分の性格について話してください。

자신의 성격에 대해서 말해 주십시오.

A：性格は活発で朗らかな方です。 人のめんどうをみることが好きですからサービス業のホテルに向いていると思います。 そして何か始めたら目標に向かって努力するタイプです。

성격은 활발하고 명랑한 편입니다. 남을 돌보는 것을 좋아하니까 서비스업인 호텔업에 적합하다고 생각합니다. 그리고 무엇을 시작하면 목표를 향해 노력하는 타입니다.

Q：なぜ通訳ガイドになりたいですか。

왜 통역가이드가 되고 싶습니까?

A：通訳ガイドになって、 わが国の伝統的な風物や観光名所、 文化などを外国の観光客に広く紹介したいと思います。 とてもやりがいのある仕事だと思うからです。

통역가이드가 되어서 우리나라의 전통적인 풍물과 관광명소, 문화 등을 외국의 관광객에게 널리 소개하고 싶습니다. 매우 보람 있는 일이라고 생각하기 때문입니다.

Q：GITとは何ですか。

GIT란 무엇입니까?

A：Group Inclusive Tourの略語で10人以上の団体旅行のことです。

Group Inclusive Tour의 약자로 10명 이상의 단체여행을 말합니다.

Q：FITとは何ですか。

FIT란 무엇입니까?

A：Foreign Independent Tourの略語で個人旅行のことです。

Foreign Independent Tour의 약자로 개인여행을 말합니다.

MEMO

[동사 따라잡기]

우선 우리말의 '자다'라는 일본어 「ね(몸통)+る(꼬리)」를 이용해서 활용형을 비교해 보기로 하자. 일본어의 동사꼬리는 「う」단이다.

활용형	보기	
사전형	ね(몸통)+る(꼬리) 자(몸통)+다(꼬리)	사전을 찾을 때
현재형 미래형	ね+る/ね+る 자+ㄴ다(잔다)/자+ㄹ것이다 (잘 것이다)	일본어는 현재형과 미래형이 같다
부정형	ね+ない 자+지않는다	부정표현을 만들 때는 ない를 접속한다
연용형	ね+て 자+고/자+서 ね+ます 자+ㅂ니다(⇒잡니다)	문장을 연결하고자할 때는 て를 접속한다(열거, 원인/이유) 문장을 끝맺을 때는 ます를 접속한다
가정형	ね+れば 자+면	가정하는 문장을 만들 때는 れば를 접속한다
의지형 청유형	ね+よう 자+려고(의지)/자+자(권유)	동작을 하고자하는 의지나 권유가 담긴 말은 よう를 접속한다
명령형	ね+ろ 자+거라	직접 명령이다
과거형	ね+た 자+었+다(⇒잤다)	과거시제를 나타낸다
연체형	ねる+人 자+는 사람	명사를 꾸밀 때
되다의 연결	ねる+ように+なる 자게 되다	「V-る + ように + なる」~하게 되다

위에서 보듯이 우리말 동사 '자(몸통)+다(꼬리)'는 몸통은 변하지 않고 꼬리가 변해 시제나 의미가 결정된다. 현재/과거/미래는 꼬리에 'ㄴ(는)/었/을'이 접속되고, 가정/명령 등도 어미에서 표현된다. 우리말과 일본말이 어떻게 활용되는지를 잘 비교해 보자. 오히려 일본어가 더 간단하다는 생각이 들 것이다.

우선 たべる(먹다)와 みる(보다)로 동사 맛보기를 하자. 위 표에서처럼 몸통과 꼬리가 무엇인지를 알면 간단하게 고칠 수 있다.

먹다	たべる
먹는다	________
먹을 것이다	________
먹지 않는다	________
먹고	________
먹습니다	________
먹자	________
먹어라	________
먹었다	________
먹는(먹을) 사람	________

보다	みる
본다	________
볼 것이다	________
보지 않는다	________
보고	________
봅니다	________
보면	________
보자	________
보아라	________
보았다	________
보는(볼) 사람	________

어렵다는 동사활용도 별거 아니란 생각이 들것이다. 이제부터 동사를 본격적으로 해부해 보자!

1 동사활용

동사의 활용형은 기본이 되는 사전형/ない형/ます형/て형/가정형/의지형(청유형)을 중심으로 살펴보자.

1) I 그룹동사의 활용

I 그룹동사는 활용할 때 꼬리 「う」단이 다섯 단(あ段/い段/う段/え段/お段)으로 바뀐다.

특히, て형에 접속될 때는 전혀 다른 음으로 변하는데 이를 '음편형'이라 한다. 음편형은 말 그대로 소리가 편하게 나오게 하는 음운현상이다. 복잡하게 느껴질 수도 있으나 몇 가지 규칙이 있으므로 숙달되면 자연스럽게 나온다.

(1) 꼬리가 「V-く［ぐ］」인 동사

사전형	か(몸통)+く(꼬리) 쓰다	기본형과 같다. 활용할 때 꼬리く［ぐ］가 か/き/く/け/こ［が/ぎ/ぐ/げ/ご］로 바뀐다.
ます형	かき+ます 씁니다/쓰겠습니다	꼬리「く［ぐ］」가 정중의 조동사「~ます」와 접속되면 「き［ぎ］」로 바뀐다.
ない형	かか+ない 쓰지 않는다	꼬리「く［ぐ］」가 부정의 조동사「ない」와 접속되면「か［が］」로 바뀐다.
て형	かい+て 쓰고/써서	꼬리가 く［ぐ］로 끝나는 규칙동사는 「て」형과 접속되면「いて/いで」바뀐다⇒イ 음편형
가정형	かけ+ば 쓰면	꼬리 「く［ぐ］」가 가정의 「ば」와 접속되면「け［げ］」로 바뀐다.
의지/청유형	かこ+う 쓰려고/쓰자	꼬리 「く［ぐ］」가 의지의 「う」와 접속되면「こ［ご］」로 바뀐다.

주의 いく(行く)는 꼬리가「く」로 끝나지만 イ음편형이 아니고 촉음편형을 한다.

다음은 く〔ぐ〕로 끝나는 기본동사들이다. 표를 참조하여 완성해보자.

およぐ(泳ぐ)	헤엄치다
およ____ます	헤엄칩니다/헤엄치겠습니다
およ____ない	헤엄치지 않는다
およ____で	헤엄치고/헤엄처서
およ____だ	헤엄쳤다
およ____ば	헤엄치면
およ____う	헤엄치려고/헤엄치자

きく(聞く)	듣다	おく(置く)	두다
____________		____________	
____________		____________	
____________		____________	
____________		____________	
____________		____________	
____________		____________	

주의

いく(行く)	가다
い____ます	갑니다/가겠습니다
い____ない	가지 않는다
いって	가고/가서
いった	갔다
い____ば	가면
い____う	가려고/가자

(2) 꼬리가「V−う/つ/る」인 동사

사전형	あ(몸통)+う(꼬리) 만나다	꼬리가 「う/つ/る」인 동사는 「わいうえお/たちつてと/らりるれろ」로 활용한다.
ます형	あい+ます 만납니다/만나겠습니다	꼬리 「う」가 정중의 「~ます」와 접속되면 「い」로 바뀐다.
ない형	あわ+ない 만나지 않는다	꼬리 「う」가 부정의 「ない」와 접속되면 「わ」로 바뀐다.
て형	あ+っ+て 만나고/만나서	꼬리 「う」가 「~て」와 접속되면 음편형이 생겨서 「って」 로 바뀐다. ⇒촉음편형
가정형	あえ+ば 만나면	꼬리 「う」가 가정의 「~ば」와 접속되면 「え」로 바뀐다.
의지형 청유형	あお+う 만나자	꼬리 「う」가 의지의 「~う」와 접속되면 「お」로 바뀐다.

다음의 동사들은 꼬리가 「う/つ/る」 인 동사들이다. 공란을 매워보자.

まつ (待(ま)つ)　　기다리다

ま___ます　　기다립니다/기다리겠습니다

ま____ない　　기다리지 않는다

ま____て　　기다리고/기다려서

ま____た　　기다렸다

ま____ば　　기다리면

ま____う　　기다리려고/기다리자

たつ (立(た)つ) 서다　　もつ (持(も)つ) 들다

_______________　　_______________

_______________　　_______________

_______________　　_______________

_______________　　_______________

_______________　　_______________

_______________　　_______________

いう(言う) 말하다

かう(買う) 사다

はらう(払う) 지불하다

おわる(終わる) 끝나다

なる 되다

のる(乗る) 타다

しる(知る) 알다

しります 압니다
しらない 모른다
しって 알고
しった 알았다
しれば 알면
しろう 알려고/알자

かえる(帰る) 돌아가다

はいる(入る) 들어가다

ある 있다

あ____ます 있습니다
ない 없다
あ____て 있고/있어서
あ____た 있었다
あ___ば 있으면
× ×

(3) 꼬리가 「V-ぬ/ぶ/む」로 끝나는 동사

사전형	よ(몸통)+む(꼬리) 읽다	꼬리가 「ぬぶむ」로 끝나는 동사는 「なにぬねの/ばびぶべぼ/まみむめも」로 활용을 한다.
ます형	よみ+ます 읽습니다/읽겠습니다	꼬리 「む」가 정중의 「~ます」와 접속되면 「み」로 바뀐다
ない형	よま+ない 읽지 않는다	꼬리 「む」가 부정의 「ない」와 접속되면 「ま」로 바뀐다
て형	よん+で 읽고	꼬리 「む」가 「~て」와 접속되면 음편형이 일어나서 「んで」로 바뀐다⇒발음편형
가정형	よめば 읽으면	꼬리 「む」가 가정의 「ば」와 접속되면 「め」로 바뀐다
의지형 청유형	よもう 읽으려고/읽자	꼬리 「む」가 의지의 「う」와 접속되면 「も」로 바뀐다

다음의 기본동사들을 정리해 두자.

のむ(飲む)	마시다	よぶ(呼ぶ)	부르다	しぬ(死ぬ)	죽다
の____ます	마십니다	____		____	
の____ない	마시지 않는다	____		____	
の____で	마시고/마셔서	____		____	
の____だ	마셨다	____		____	
の____ば	마시면	____		____	
の____う	마시려고/마시자	____		____	

(4) 꼬리가 「V-す」로 끝나는 동사

사전형	はな(몸통)+す(꼬리) 이야기하다	꼬리가 「す」로 끝나는 동사는 「さ/し/す/せ/そ」로 활용한다.
ます형	はなし+ます 이야기합니다(하겠습니다)	꼬리 「す」가 정중의 「～ます」와 접속하면 「し」로 바뀐다.
ない형	はなさ+ない 이야기하지 않는다	꼬리 「す」가 부정의 「ない」와 접속하면 「さ」로 바뀐다.
て형	はなし+て 이야기하고/이야기해서	꼬리 「す」가 「～て」와 접속할 때는 「ます」형처럼 「し」로 바뀐다. 음편형과 관계가 없다
가정형	はなせ+ば 이야기하면	꼬리 「す」가 「～ば」와 접속하면 「せ」로 바뀐다.
의지형 청유형	はなそ+う 이야기하자	꼬리 「す」가 「～う」와 접속하면 「そ」로 바뀐다.

だす(出す) 내다

____
____
____
____
____
____

なおす(直す) 고치다

____
____
____
____
____
____

2) Ⅱ그룹동사의 활용

활용할 때 꼬리る가 떨어져 나간다.

사전형	かんがえ(몸통)+る(꼬리) 생각하다	기본형과 같다
ます형	かんがえ+ます 생각합니다/생각하겠습니다	정중의 조동사「~ます」와 동사가 만나면 ~합니다(현재)/~하겠습니다(미래)」란 뜻이 된다
ない형	かんがえ+ない 생각하지 않는다	「ない」는 부정의 조동사다
て형 た형 たり형	かんがえ+て 생각하고 かんがえ+た 생각했다 かんがえ+たり 생각하기도 하고	「て」는「~하고/~해서」 「た」는 과거 「たり」는「~하기도 하고」
가정형	かんがえ+れば 생각하면	가정표현은「れば」를 접속한다
의지형 청유형	かんがえ+よう 생각하려고	의지/청유형은「よう」를 접속한다

다음의 동사들은 る동사의 기본동사들이다. 위의 표를 참고로 활용형을 써보자.

たべる(食べる) 먹다

たべ______ 먹겠습니다
たべ______ 먹지 않는다
たべ______ 먹고
たべ______ 먹었다
たべ______ 먹으면
たべ______ 먹자

おぼえる(覚える) 기억하다

______
______
______
______
______
______

わすれる(忘れる) 잊다

______
______
______
______
______
______

いる 있다

______
______
______
______
______
______

やめる 그만두다

______
______
______
______
______
______

できる 할 수 있다

______
______
______
______
______
×

でる(出る) 나오다

______
______
______
______
______
______

あげる 주다

______
______
______
______
______
______

くれる 받다

______
______
______
______
______
×

おきる(起きる) 일어나다

______
______
______
______
______
______

3) Ⅲ그룹동사의 활용

Ⅲ그룹동사는 규칙 없이 마음대로 변하는 제멋대로 동사이다. 그 활용형은 외워야 한다. 하지만, くる오다/する하다 두 동사뿐이므로 간단히 암기할 수 있다.

사전형	くる(来る) 오다	する 하다
ます형	きます(来ます) 옵니다/오겠습니다	します 합니다/하겠습니다
ない형	こない(来ない) 오지 않는다/오지 않겠다	しない 하지 않는다/하지 않겠습니다
て형	きて(来て) 오고/와서	して 하고/ 해서
가정형	くれば(来れば) 오면	すれば 하면
의지형 청유형	こよう(来よう) 오자	しよう 하자

いつ ○○○○。 언제 옵니까?

でんしゃが ○○○。전철이 오지 않는다.

あした、 3時まで ○○ください。내일, 3시까지 와 주세요.

べんきょう○○○ 成績(せいせき)が あがります。공부하면 성적이 오릅니다.

べんきょう○○○。공부하자.

宿題(しゅくだい)○○? 숙제했니?

2 기타표현

1) 가능표현

(1) 동사의 기본형+ ことが できる ⇒ ~하는 것이 가능하다

はなす + ことが できる ⇒ 말하는 것이 가능하다.
よむ + ことが できる ⇒ 읽는 것이 가능하다.
あそぶ + ことが できる ⇒ 노는 것이 가능하다.

(2) 동사의 가능형

동사의 종류	만드는 법
Ⅰ그룹동사 Ⅱ그룹동사 Ⅲ그룹동사	꼬리 「う」단을 「え」단으로 고치고 + る 꼬리 「る」를 떼고 + られる こられる(올 수 있다) / できる(할 수 있다)

주의 모든 가능동사는 목적격조사를 「~を」 대신에 「~が」를 취한다.

다음의 표를 완성해 보자.

동사의 종류	기본형	ます형	가능형
Ⅰ그룹동사	みる 보다 おきる 일어나다 たべる 먹다 ねる 자다	み__ます おき__ます たべ__ます ねま__す	み______ます おき______ます たべ______ます ね______ます
Ⅱ그룹동사	いく 가다 およぐ 헤엄치다 よぶ 부르다 もつ 들다/가지다 あう 만나다 はなす 말하다	い__ます およ__ます よ__ます も__ます あ__ます はな__ます	い__ます およ__ます よ__ます も__ます あ__ます はな__ます
Ⅲ그룹동사	くる 오다 する 하다 べんきょうする 공부하다	__ます __ます べんきょう__ます	こられます できます べんきょうできます

자동사 중에는 聞こえる(きこえる) 들리다 見える(みえる) 보이다 わかる 알다 같은 동사도 가능의 뜻이 있다.

다음 문장의 빈곳을 메워 보자.

わたしは 漢字が ○○ます。

나는 한자를 읽을 수 있습니다.

ひらがなは ○○ますが、 カタカナは ○○ません。

히라가나는 쓸 수 있습니다만, 가타카나는 쓸 수 없습니다.

あした、 何時まで○○○ますか。

내일 몇 시까지 올 수 있습니까?

日本語は すこし ○○○ます。

일본어는 조금 말할 수 있습니다.

英語○ ○○○ますか。

영어를 할 수 있습니까?

3時の汽車に ○○○でしょうか。

3시 기차를 탈 수 있을까요.

そんなに はやくは ○○○○ません。

그렇게 일찍은 못 일어납니다.

みなさん、 よく ○○○ますか。

여러분, 잘 들립니까?

窓○○ 海が 見えます。

창으로 바다가 보입니다.

2) 사역표현

사역이란 '~을 하게 하다/ ~를 시키다'라고 할 때 쓰는 표현이다. 예를 들면 호텔 레스토랑 등에서 주문한 음식을 가져왔을 때, お待(ま)たせしました。(기다리게 했습니다)라고 하는 것이다. 사역의 ~せる~/~させる도 간단히 터득할 수 있다. 세련된 일본어 표현을 구사하려면 꼭 암기하자. る동사와 규칙동사는 앞서 배운 ない형에 연결하면 된다.

동사의 종류	만드는 법
Ⅰ그룹동사	꼬리「う」을「あ」단으로 고치고 + せる
Ⅱ그룹동사	꼬리「る」떼고 + させる
Ⅲ동사	こさせる(오게 하다) / させる(시키다)

다음 표를 완성해보자.

동사의 종류	기본형	ます형	사역형
Ⅰ그룹동사	いく 가다 いそぐ 서두르다 のる 타다 まつ 기다리다 あう 만나다 はなす 말하다	い_ます いそ_ます の_ます ま_ます あ_ます はな_ます	い_せます いそ_せます の_せます ま_せます あ_せます はな_せます
Ⅱ그룹동사	おぼえる 암기하다 しらべる 조사하다 たべる 먹다 ねる 자다	おぼえ_ます しらべ_ます たべ_ます ねま_す	おぼえ_せます しらべ_せます たべ_せます ね_せます
Ⅲ그룹동사	くる 오다 す 하다 べんきょうする 공부하다	_ます _ます べんきょう_ます	こさせます させます べんきょうさせます

娘(むすめ)を 銀行(ぎんこう)へ ○○○ました。

딸을 은행에 가게 했습니다.(보냈습니다)

子供(こども)を 公園(こうえん)で ○○○○ます。

아이를 공원에서 놀게 합니다.

息子(むすこ)に くるまを 運転(うんてん)○○ます。

아들에게 차를 운전시킵니다.

先生は 太郎(たろう)に 本を ○○○ました。

선생님은 타로에게 책을 읽게 했습니다.

母(はは)は 子供に ほうれんそうを ○○○○ます。

엄마는 아이에게 시금치를 먹게 합니다.

3) 수동표현

우리와 달리 일본사람들은 수동표현을 참 많이 쓴다. 우리말의 '~함을 당하다 / ~을 받는다'라는 의미로 수동의 ~れる/~られる를 쓴다. 특히, 일본 특유의 표현으로 자동사의 수동형을 쓰는데 이것은 어떤 피해의식이 내포되어 있다고 할 수 있다. 이를 피해의 수동이라고 한다. 우리말에는 없는 표현이기 때문에 이해하기 힘든 부분이므로 유의하자. 사역표현과 마찬가지로 Ⅰ그룹동사와 Ⅱ그룹동사는 ない형에 연결한다.

동사의 종류	만드는 법
Ⅰ그룹동사	꼬리 「う」을 「あ」 단으로 고치고 + れる
Ⅱ그룹동사	꼬리 「る」 떼고 + られる
Ⅲ동사	こられる(뜻밖에 오다)/ される(당하다)

다음 표를 완성해 보자.

동사의 종류	기본형	ます형	수동형
Ⅰ그룹동사	きく 듣다	き__ます	き__れます
	よむ 읽다	よ__ます	よ__れます
	はこぶ 운반하다	はこ__ます	はこ__れます
	つかう 사용하다	つか__ます	ま__れます
	いう 말하다	い__ます	い__れます
	こわす 깨뜨리다/부수다	こわ__ます	こわ__れます
Ⅱ그룹동사	みる 보다	み__ます	み__られます
	しらべる 조사하다	しらべ__ます	しらべ__られます
	たべる 먹다	たべ__ます	たべ__られます
	ほめる 칭찬하다	ほめ__ます	ほめ__られます
Ⅲ그룹동사	くる 오다	__ます	こられます
	する 하다	__ます	されます
	しつもんする 질문하다	しつもん__ます	しつもんされます

●●● | 피해의 수동

雨(あめ)が 降(ふ)る。 비가 오다.

雨に降られる。 비를 맞다.

父(ちち)が 死(し)ぬ。 아버지가 죽다.

父に死なれる。 아버지를 여의다.

友(とも)だちが 来(く)る。 친구가 오다.

友達に来(こ)られる。 친구가 오다. (달갑지 않은 방문)

子供(こども)が 泣(な)く。 아이가 울다.

子供に泣かれる。 아이가 울다. (방해를 받음)

사역+수동

사역형으로 고친 것을 다시 수동형으로 바꾼 형태로 우리말로는 '어쩔 수 없이~하다/억지로~시키다'라는 뜻으로 해석하면 무난하다.

1時間も 待たせられた。 〔待つ→待たせる→待たせられる〕

1시간이나 기다렸다.

母に漢方薬を飲ませられました。 〔飲む→飲ませる→飲ませられる〕

엄마가 한약을 억지로 먹게 했다.

~(ら) れるの 다른 뜻

① 자발

彼女に ふられたことが 思い出された。 〔思い出す(생각나다)〕

그녀에게 차였던 일이 생각났다.

父の愛が 感じられた。 〔感じる(느끼다)〕

아버지의 사랑이 느껴졌다.

② 존경

あした、 先生が こられる。

내일 선생님께서 오신다.

キムチも 食べられますか。

김치도 드시겠습니까?

③ 가능

納豆が食べられますか。

낫토(청국장)를 먹을 수 있나요?

다음 문장의 빈곳을 메워 보자.

部長(ぶちょう)に ○○○ました。

부장님께 불렸습니다.(호출 당했습니다).

先生に ○○○○ました。

선생님께 칭찬 받았습니다.

子供(こども)に 時計(とけい)を ○○○○ました。

아이가 시계를 깨뜨렸습니다.

日本では 箸(はし)が ○○○○ます。

일본에서는 젓가락이 쓰여집니다.

ネコに さかなを ○○○○。

고양이에게 생선을 먹혔습니다.

先生に 質問(しつもん)○○○○○。

선생님께 질문 받았습니다.

友達に ○○○て べんきょうが できませんでした。

친구가 와서 공부를 못했습니다.

雨に ○○○て 風邪(かぜ)をひきまさた。

비를 맞아서 감기 들었습니다.

연습문제 해답

1과 自己紹介

1. はじ(め)ま(し)て。
   ワールドツアー(の)キムミナです。
   (ど)うぞ (よ)ろしく。
2. (1) 二階でございます。 (2) そちらでございます。 (3) こちらでございます。
3. (1) JTBの福田と申します。 (2) 大韓航空の李と申します。
   (3) ○○大学のイムと申します。
4. (1) それ (2) これ (3) あちら

2과 お仕事は何時までですか

1. (1) 広い部屋ですね。(2) 大きい建物ですね。(3) いいところですね。
   (4) 安いジーパンですね。(5) おいしいキムチですね。
2. (1) 安くない (2) 狭くない (3) 近くない (4) 遠くない
3. (1) お仕事は何時から何時までですか。 (2) 韓国料理はおいしかったです。
   (3) 会社は遠くないです。

3과 すてきなお橋ですね

1. (1) 親切なウェイトレスですね。 (2) 賑やかなところですね。
   (3) 静かな部屋ですね。 (4) 立派な建物ですね。 (5) 有名なお寺ですね。
2. (1) 便利ではありません (2) 好きではありません
   (3) 得意ではありません (4) 元気ではありません
3. (1) 立派な仏像ですね。 (2) 英語は苦手です。 (3) 交通が不便なところです。

4과 どこで会いましょうか

1. 書きます/書きません 泳ぎます/泳ぎません 話します/話しません
   待ちます/待ちません 死にます/死にません 呼びます/呼びません

読(よ)みます/読(よ)みません 帰(かえ)ります/帰(かえ)りません 起(お)きます/起(お)きません
食(た)べます/食(た)べません 見(み)ます/見(み)ません 寝(ね)ます/寝(ね)ません
来(き)ます/来(き)ません します/しません 勉強(べんきょう)します/勉強(べんきょう)しません

2. 書(か)きました/書(か)きませんでした 泳(およ)ぎました/泳(およ)ぎませんでした
話(はな)しました/話(はな)しませんでした 待(ま)ちました/待(ま)ちませんでした
死(し)にました/死(し)にませんでした 呼(よ)びました/呼(よ)びませんでした
読(よ)みました/読(よ)みませんでした 帰(かえ)りました/帰(かえ)りませんでした
起(お)きました/起(お)きませんでした 食(た)べました/食(た)べませんでした
見(み)ました/見(み)ませんでした 寝(ね)ました/寝(ね)ませんでした
来(き)ました/来(き)ませんでした しました/しませんでした
勉強(べんきょう)しました/勉強(べんきょう)しませんでした

3. の を と で

4. 出(で)ます 歩(ある)きます かかります 乗(の)ります おります

5과 入国手続(にゅうこくてつづ)き

1. (1) 言(い)います/言(い)って (2) 泳(およ)ぎます/泳(およ)いで
(3) 待(ま)ちます/待(ま)って (4) 食(た)べます/食(た)べて (5) 来(き)ます/来(き)て
(6) 買(か)います/買(か)って (7) 案内(あんない)します/案内(あんない)して (8) 話(はな)します/話(はな)して

2. (1) 書(か)いて (2) とって (3) 持(も)って (4) 飲(の)んで

3. (1) 3泊4日(さんぱくよっか) (2) 日帰(ひがえ)り (3) 5伯6日(ごはくむいか)

6과 税関検査(ぜいかんけんさ)

1. (1) 言(い)わない/言(い)わなければ (2) 待(ま)たない/待(ま)たなければ (3) 食(た)べない/食(た)べなければ
(4) 来(こ)ない/来(こ)なければ (5) 買(か)わない/買(か)わなければ (6) 案内(あんない)しない/案内(あんない)しなければ
(7) 話(はな)さない/話(はな)さなければ

2. (1) 払(はら)わなければなりません (2) 正装(せいそう)をしなければなりません
(3) スプーンを使(つか)わなければなりません (4) タクシーで行(い)かなければなりません

7과 両替(りょうがえ)

1. (1) 言(い)うことができる / 言(い)える (2) 泳(およ)ぐことができる /泳(およ)げる
(3) 待(ま)つことができる / 待(ま)てる (4) することができる / できる

2. (1) 書け (2) とれ (3) 話せ
3. (1) お集めください (2) お集まりください (3) お乗りください

8과 乗り物

1. (1) 飲みたいです (2) 泊りたいです (3) 食べたいです
2. 생략

9과 フロントで

1. (1) 鈴木さんは部長に呼ばれました。 (2) 田中君は先生にほめられました。
   (3) 子供に時計を壊されました。 (4) わたしは先生に質問されました。
2. 생략
3. 생략

10과 客室で

1. (1) 狭すぎ (2) 高すぎ (3) うるさすぎ (4) 乗りすぎ
2. (1) 中山さんに故障した時計をなおしてもらいました。
   (2) 鈴木さんに手紙を読んでもらいました。
   (3) 吉村さんに日本語の辞書を貸してもらいました。
   (4) 山本さんに日本料理を作ってもらいました。
3. (1) 食べさせ (2) 持たせ (3) 飲ませ (4) 読ませ
4. (1) 取り替えさせ (2) 持っていかせ (3) とりにいかせ (4) 調べさせ

11과 電話の応対

1. (1) ようです (2) ような (3) ようです
2. (1) 家賃が高くてたいへんです。 (2) 道が狭くて危険です。
   (3) 山田さんは親切で優しいです。
3. (1) 장마철이라서 습기가 많습니다. (2) 사고로 전철이 늦어서 지각해버렸습니다.
   (3) 고장이 우려가 있으니 주의해 주십시오. (4) 정체로 인해 늦어서 제 때에 갈 수 없었습니다.
4. 생략

12과 韓国食堂で

1. (1) 手紙がこなくて寂しいそうです。 (2) 仕事が多くて忙しかったそうです。

(3) 風邪をひいて具合いがよくないそうです。 (4) 薬を飲んで治ったそうです。

2. (1) 落ちそうです (2) 降りそうです (3) 切れそうです (4) なさそうです

3. (1) 書ける (2) 静かに (3) 甘く (4) 話せる (5) きれいに

4. (1) いつ (2) なに (3) どこ (4) 何時

13과 南大門市場で

1. (1) 出かければ (2) あれば (3) よければ (4) わからなければ

2. (1) よくわかっています。(2) 椅子に座っています。
(3) 空が曇っています。 (4) もうついています。

3. (1) わかり (2) おぼえ (3) たべ

14과 ソウル シティツアーバス

1. (1) 歌っ (2) のっ (3) ひい

2. (1) 写真を撮ってはいけません (2) 入ってはいけません
(3) 触ってはいけません (4) 捨ててはいけません

3. (1) 休んだ (2) 電車に乗った (3) 使わ (4) 吸わ

15과 釜山観光

1. (1) いきなり止まらないでください。 (2) 花を折らないでください。
(3) 電話をかけないでください。(4) もう二度と来ないでください。

2. (1) 道に迷ったことがあります。 (2) 手術をしたことがあります。
(3) 財布を盗まれたことがあります。(4) 住んでいたことがあります。

3. (1) アルバイトをしたことがあります。 (2) 寒ければ窓を閉めてもいいです。
(3) 会社をやめるかもしれません。 (4) じゃましないでください。

16과 飛行機の中で

1. (1) お書きになる (2) お読みになる (3) お泊まりになる
(4) お着きになる (5) お待ちになる

2. (1) なさいますか/いたします (2) いらっしゃいますか/おります
(3) おっしゃいますか/もうします

3. (1) 登ろう (2) 行こう (3) しよう

공저자 약력

박주옥

영남대학교 졸업
일본외국어전문학교 일한통역과 졸업
계명대학교 대학원 일본어 통·번역전공(석사)
계명대학교 대학원 일본학 박사과정 수료
관광통역안내사자격증취득(99-05-0496)
현) 구미1대학 외국어계열교수

정찬종

경기대학교 관광대학 관광경영학과 졸업(경영학사)
경희대학교 경영대학원 관광경영학과 졸업(경영학석사)
경기대학교 대학원 관광경영학과 졸업(경영학박사)
통역안내업면허 취득(6-71)
대한관광경영학회장
현) 계명문화대학 호텔관광외식학부 정년보장교수

쉽게 배우는 관광실무 일본어

● **발행일**

2009년 3월 1일 초판 인쇄
2009년 3월 5일 초판 발행

● **저 자**

박주옥 · 정찬종

● **발행인**

한 인 환

● **발행처**

도서출판 **기 문 사**
서울시 동대문구 용두2동 730-4번지 홍신빌딩 3층
전 화 : 02)2265-7214, 922-8662~8663
팩 스 : 02)922-8772
homepage : www.kimoonsa.co.kr
e-mail : book@kimoonsa.co.kr
등 록 : 1978. 8 9. NO. 6-0637
ISBN : 978-89-7723-395-9 93730

〈정가 15,000원〉